KB263643

임영웅,
우리들의 미라클 히어로

※ 이 책 판매수익의 일부는 국내 아동구호 단체에 기부합니다.
임영웅과 영웅시대의 선한 영향력을 이어가겠습니다.

임영웅, 우리들의 미라클 히어로

영웅시대와 함께한 800여 일의 현장 기록

〈앵커리의 똑TV〉
제작진 지음

서사원

임영웅 그리고 영웅시대와 함께한
800여 일의 현장 기록

가수 임영웅의 콘서트 현장을 취재하러 갔다가 영웅시대를 만나면 항상 느끼는 부분이 있다. 누가 먼저랄 것도 없이 상대방을 먼저 배려하는 모습이다. 곳곳에서 묻어나는 영웅시대의 이런 따뜻함을 통해 '팬덤은 아티스트를 닮아간다'는 말을 새삼 실감하곤 한다.

대중문화 기자로 30여 년 넘게 현장을 뛰면서 수없이 명멸하는 스타들의 어제와 오늘을 지켜봤지만, 임영웅이라는 걸출한 가수가 탄생해 음반과 콘서트, 방송과 영화까지 빅뱅을 만들고 있는 모습은 대한민국 엔터산업의 또 다른 자부심이 됐다.

올해 초 출판사로부터 '임영웅 인물평전'을 써달라는 요청을 몇 차례 받았다. 아마도 이는 대중문화 기자로 임영웅 가수의 활약상을 칼럼이나 기사로 오랜 기간 심도 있게 다룬 점을 고려한 때문이 아닐까 생각한다.

사실 임영웅은 성격과 성품부터 선행, 선한 영향력, 콘서트, 팬카페, 유튜브, 갤러리, 엄마와 가족, 소속사, 브랜드 평판, 저작권, CF모델, 음악시상식 수상 기록, 인간적 의리, 그리고 축구 같은 취미활동까지 움직임 하나하나가 모두 이야깃거리다.

출판사 측 입장에서 보면 임영웅이라는 대스타의 유명세와 오랜 현역 연예기자의 이름을 믹스해 포장하고 만들어낼 소재일 수 있다. 상업적 마인드로 누구나 생각해낼 수 있는 부분이기도 하다. 물론 다음과 같은 이유로 거절했다.

"이미 나와 있는 여러 형태의 평전들과 무슨 차이가 있느냐. 임영웅에 대해서는 일반 대중 다수가 공감하고 있는 평가 기준이 있다. 그 테두리를 벗어날 수 없는 기존 정보의 나열식이라면 의미 없는 일이고 시간 낭비다."

쓰는 것은 누구나 자유이지만 공감을 얻을 수 있느냐는 별개다. 평전이라 함은 개인의 일생 또는 일정 시기를 돋보이게 활약한 인물을 평가하는 것이다. 쓰는 사람의 논평을 곁들이더라도 비교적 객관적 시각으로 담는 일종의 전기라고 할 수 있다.

수많은 팬덤을 가진 당사자 본인한테는 물론이고 그를 좋아하는 대중 다수가 공감하지 않으면 의미가 없다. 만약 이전에 없었던 특별한 현상으로 풀어내고 싶다면 '평전'이 아니라 석사 또는 박사학위 논문을 쓰는 게 더 타당할 것이다. 이런 마음은 그때나 지금이나 변함이 없다.

그럼에도 뭔가 아쉬움이 남았다. 그래서였을까 영웅시대의 활약상과 임영웅의 진솔한 현장 이야기를 담은 이 책의 출간 소식이 무척 반가웠다.

이 책은 임영웅 가수에 진심인 〈앵커리의 똑TV〉가 2022년 5월 역사적인 임영웅 콘서트의 시작을 알리는 고양콘서트부터 2024년 서울 월드컵 경기장 〈2024 아임 히어로_더 스타디움(IM HERO-THE STADIUM)〉까지 마라톤처럼 달려온 생생한 기록이다.

개인적으로 〈앵커리의 TV〉를 취재 현장에서 종종 마주치면

온 열정을 쏟아붓는 모습이 늘 이채로웠다. 콘서트 때마다 단 한 번도 빠짐없이 현장을 찾아 영웅시대와 교감하며 라이브로 소식을 진행해온 〈앵커리의 뚝TV〉 제작진의 노고에 깊은 경이로움을 갖는다.

오랜 기자 생활을 하면서 '현장에 가면 반드시 의미 있는 결과를 얻는다'는 교훈이 새록새록 와 닿는다. 어떤 사심도 없이 오직 영웅시대와 함께 호흡한 순간들을 감동적으로 묘사한 이 책이 널리 알려지고 읽혀졌으면 하는 바람이다.

강일홍

〈더팩트〉 이사 논설위원(대중문화 대기자) 및 편집국 부국장(연예부장)
전 〈스포츠조선〉 부국장(연예부장), 유튜브 채널 〈강일홍의 클로즈업〉

사랑하니까 웅며들다!

생면부지였던 한 아티스트를 사랑하면서 함께 울고 웃으며
고된 삶을 헤쳐온 사람들의 사랑의 하모니

이 책은 누군가를 사랑하면 지루하고 불행했던 삶이 어떻게 변하는지를 보여줍니다. 여기에 등장하는 임영웅의 팬들은 각기 다른 목소리로 한 가지를 이야기합니다. 사랑하는 삶이 승리하는 삶이고 사랑하는 순간 어느 곳이나 천국이 된다는 것! 팬덤의 학문적 정의와 팬덤의 문화적 진단이 무색해지는, 사랑의 증언으로 꽉 찬 책입니다. 생면부지였던 한 아티스트를 사랑하면서 함께 울고 웃으며 고된 삶을 헤쳐온 사람들의 사랑의 하모니입니다. 사랑의 힘이 얼마나 큰지 궁금한 사람은 이 책을 통해 그 해답을 얻을지도 모르겠습니다.

_**김미숙** 가톨릭관동대학교 교수(드라마 작가)

영웅시대 팬들의 보석과 같이 아름다운 사연들을 함 땀 한 땀 퍼즐처럼 묶어서 완성한 소중한 현장의 기록입니다. 임영웅 이전의

음악과 이후의 음악으로 나눠질 만큼 대중문화사에 큰 획을 그은 거장 임영웅 아티스트의 음악과 삶에 대한 깊은 울림을 전하면서 동시에 영웅시대 팬들의 진정성 있는 삶의 여정도 공감의 목소리로 담아내고 있습니다. 이 책은 영웅시대를 살아가는 삶에 대한 진정한 가치를 발견하고 깊은 여운을 선사하는 우리들의 이야기입니다.

_심희철 동아방송예술대학교 교수(뮤직비디오 감독)

'썰(說)'이 난무하는 시대입니다. 가만히 앉아 서핑으로 얻은 정보를 짜깁기해 푸는 유튜버들이 많죠. 하지만 〈앵커리의 똑TV〉는 다릅니다. '임영웅 저널리즘'이란 수식어를 여기에 감히 붙여봐도 될까요? 이곳은 휘황한 '영웅 스토리'만 취급하지 않으니까요. 현장에서 만난 생생한 영웅시대의 '휴먼 스토리'가 함께하는 곳이더군요. 어쩌면 2024년, 이 시대의 영웅은 하늘이 내린 존재 한둘만이 아닐지 모르겠습니다. 이 땅을 살며 굴곡진 인생 고비에 한 번, 노래 한 곡에 두 번 울고 웃는 우리 모두 말이죠. 한 사람, 한 사람이 영웅이라는 이야기입니다. 이 책이 궁극적으로 말하고자 하는 바 역시, 바로 이것 아닐까요?

_임희윤 음악 평론가(前 동아일보 기자)

임영웅을 사랑하는 사람들의
아름다운 이야기

2024년 5월 25일과 26일 서울 월드컵 경기장 '2024 아임 히어로-더 스타디움(IM HERO-THE STADIUM)' 공연은 상상을 뛰어넘는 축제의 날이었습니다. 10만 여명의 영웅시대가 콘서트를 함께 즐기고 피켓팅을 뚫지 못한 더 많은 영웅시대들은 '겉돌이'를 비롯해 각자의 방식으로 스타디움 콘서트에 합류했습니다.

전국 아니 세계 각지의 영웅시대가 모여 피크닉 존에서 함께 음식과 정담을 나누고, 공연이 시작된 후에는 임영웅 아티스트의 목소리가 조금이라도 잘 들리는 스타디움 근처 명당에서 장외 콘서트를 만끽했습니다. 이를 알아챈 임영웅 아티스트는 둘째 날 스타디움 밖에 있는 영웅시대를 향해 '소리 질러'로 호응했습니다.

아티스트와 팬들의 호흡이 이렇게도 잘 맞을 수 있을까요?

아티스트는 한 사람이고 팬들은 수십만 명 이상이지만 참 묘하게도 팬들은 이런 얘기를 합니다.

"군중 속의 한 사람이 아니라 오롯이 나를 향해 노래하고 얘기해 주는 것 같다."

과연 임영웅 아티스트는 어떻게 우리의 미라클 히어로가 되었을까요?

과학 교양서의 바이블이라 불리는 《이기적 유전자》의 저자 리처드 도킨스는 《리처드 도킨스, 내 인생의 책들》에서 이런 의문을 제기합니다.

"노벨문학상은 왜 지금까지 과학자에게 돌아간 적이 없을까?"

그는 '실재를 노래하는 시'인 과학이 문학에 너무나 적합한 수단이기에 충분히 노벨상을 받을 만하다 생각했다고 합니다. 시적으로 보이기 위해 화려한 수사나 비유를 들지 않고 명료하고 정직하게만 써도 그 자체로 시적입니다.

임영웅 아티스트를 알게 된 우리는 이런 생각을 합니다.

'과학은 음악에 너무나 적합한 수단이다.'

간단한 가사 속에 깊은 감정과 인간의 삶을 담아내는 그의 노래는 철학과도 맞닿아 있는 과학의 본질과 그 맥을 같이 합니다. 작고 가벼워 흩어질 수 있지만, 이 모래에 작은 발자국을 내라고 얘기하는 그의 노래 '모래 알갱이.'

임영웅은 바람이 불든 파도가 치든 홀연히 실려가고 흘러가며 몸을 맡기라고 나지막하게 얘기합니다. 그래서 우리는 우주의 한 점 모래 알갱이와도 같은 우리의 삶을 어루만지는 그의 노래에 위로받고 또 다른 수많은 모래 알갱이들과 만나 거대한 산을 이뤄가고 있는 중입니다.

우주를 떠돌던 먼지가 의식 있는 생명체가 되어가듯 〈앵커리의 똑TV〉도 임영웅의 팬 '영웅시대'와 함께 울고 웃으며 성장해왔습니다. 〈앵커리의 똑TV〉는 임영웅 아티스트의 팬튜브 (덕질하는 유튜브)입니다. 방송사를 대표하는 메인 뉴스를 비롯해 본인의 이름을 내건 시사보도 프로그램을 진행해온 이언경 앵커가 크리에이터로서 활동하고 있죠. 그래서 채널 이름도 '앵커리'입니다.

이 책은 똑소리나게 시사보도 프로그램을 이끌어온 앵커가 임영웅 아티스트에 '웅며들며' 그 과정에서 만난 수많은 영웅시대(여기서 영웅시대는 임영웅 팬 카페 가입자들뿐 아니라 임영웅을 사랑하는 모든 이들)의 이야기입니다.

매번 콘서트 티켓팅마다 서버를 마비시키는 임영웅 신드롬.
'미안하지만 가족보다 임영웅'
'임영웅 하고 싶은 것 다 해'라는 임영웅 팬덤.
중장년이 사랑하는 임영웅에서 이제는 전 세대가 사랑하는 임영웅이 되었지만 왜 그렇게 그를 사랑하는지 얼마나 사랑하는지에 대해 아직 누구도 명확하게 이야기하지 못하는 상황입니다.

임영웅을 사랑하는 이유와 그 깊이에 대해서는 오직 영웅시대만이 이야기할 수 있습니다.
2022년 5월 역사적인 임영웅 콘서트의 시작을 알리는 고양 콘서트부터 2024년 서울월드컵경기장 '2024 아임 히어로-더 스타디움(IM HERO-THE STADIUM)'까지 〈앵커리의 똑TV〉는 단 한 번도 빠짐없이 콘서트 현장을 찾아 콘서트를 관람하거나 현장 라이브를 진행해왔습니다.

이러한 시간을 통해 혼신을 다해 무대를 꾸민 임영웅과 그에 열광하는 수많은 임영웅의 팬 영웅시대를 만나왔습니다.

이 책은 〈앵커리의 뚝TV〉 제작진이 영웅시대가 되어 별처럼 빛나는 수많은 영웅시대와 함께한 800여 일간의 현장 기록입니다.

우주 최강 임영웅 아티스트, 임영웅을 사랑하는 마음 하나로 인터뷰에 응해주신 구독자 분들 그리고 전 세계의 영웅시대 여러분에게 감사 인사를 전합니다. 아울러 이 책이 임영웅을 사랑하는 이들에 대한 공감의 통로가 되기를 소망해봅니다.

2024년 6월
〈앵커리의 뚝TV〉 제작진

차례

1장 내 삶을 바꾼 '마이 미라클 히어로'

2장 인생이 재밌어지기 시작했다

내 삶을 바꾼

'마이 미라클 히어로'

임영웅은
'나의 수호천사'

〈앵커리의 똑TV〉는 참 많은 분들과 인연을 맺었습니다. 감사하게도 임영웅 아티스트의 팬들인 영웅시대가 우리 채널의 구독자가 되어주었습니다. 그분들과 댓글로 소통하며 콘서트 현장에서도 만났습니다. 지난 3년 여 동안 대면 인터뷰만 수백 명 이상 한 것 같은데요.

'임영웅을 왜 좋아하게 됐나요?'라는 질문에 백이면 백. 그의 진정성 있는 목소리와 더불어 그가 부르는 노래 가사는 한 글자 한 글자가 마음에 꽂힌다고 말합니다.

임영웅은 〈내일은 미스터트롯〉 경연 당시에도 마스터들에게 가사 전달력이 훌륭하다는 극찬을 받았습니다. '바램'의 원곡자 노사연은 그의 노래를 듣고 이렇게 말했습니다.

"가사 전달을 너무 또박 또박하게 해서 우리의 마음을 움직였고, 남자 분이, 우리 영웅 씨가 이 노래를 이렇게 부를지는…, 저는 처음이었거든요. 노래 부르는 사람으로서 너무 만족했고 행복했고, 들으시는 엄마도 마음이 좋을 것 같습니다."

작곡가 조영수는 임영웅이 부르는 '어느 60대 노부부 이야기'에 대해 극찬을 아끼지 않았습니다.

"듣는 사람도 숨죽이고 한 글자 한 글자 새겨듣게 만드는 굉장히 큰 마력이 있다. 한 음 한 음에서 크레셴도, 디크레셴도를 다 한다. 밀고 싶으면 밀고, 이만큼 힘을 내고 싶으면 낸다."

가수가 아무리 얼굴이 잘 생기고, 음성이 좋고 감정이 풍부해도 가사 전달력이 좋지 않으면 대중들은 그 노래에 계속해서 집중할 수 없습니다. 그러다보면 가수에 대한 매력마저 반감되죠.

배우도 마찬가지입니다. 완벽한 외모에 음성도 좋고, 표정 연기가 좋아도 대사 전달력이 떨어지면 주연을 맡기 힘듭니다. 그렇다고 발음만 강조해서 또박또박 얘기하거나 노래를 부르면 전혀 감동이 느껴지지 않죠.

그런데 임영웅은 말하듯이 나긋나긋 노래하는데도 가사가 또렷하게 들리면서 청중의 온몸을 휘어감습니다.

어떤 때는 봄날 새벽 공기처럼 따스하게,
어떤 때는 가을 저녁 바람처럼 청량하게….

우리는 따스한 목소리에 가슴에 꽂히는 가사 전달력까지 겸비한 임영웅 아티스트의 노래를 들으며 마음을 치유했다는 분들을 많이 만났습니다.

두심(여/60대)

개인적으로 되게 힘든 일이 있어서 심리치료를 2년 넘게 받았어요. 어느 날 우연히 찾아간 포천의 불한증막에서 만난 분이 임영웅에 대해 엄청 열심히 얘기하시는 거예요.

'임영웅이 누군데 저렇게 난리들이지?'

집에 돌아와서 유튜브로 임영웅을 검색해봤죠. 임영웅 '바램'이 뜨더라고요. 사실 저는 노사연 씨 팬이어서 그 노래를 알고 있었지만 임영웅이 부르는데 다른 노래인 줄 알았어요. 임영웅의 '바램'을 듣는데 너무 마음이 설레고 아픈 거예요. 지금도 그때를 생각하면 눈물이 나요.

그때부터 며칠 동안 임영웅 노래만 들었더니 신기하게도 닫혀 있던 마음이 열리면서 한 순간에 치유되는 느낌을 받았어요. 그래서 팬 카페에 가입했는데요. 주변에서 주책이라고 핀잔을 주기도 했지만 전혀 상관 없었어요.

임영웅 노래를 들으면서, 따라 부르고 싶어서 매일 중랑천을 엄청 걸었어요. 집에서는 시끄럽다고 하니까요. 덕분에 저절로 다이어트도 되고, 그렇게 임영웅 덕질을 시작한 게 지금 여기까지 오게 된 거예요.

그 남자(남/ 50대)

지난 22년에 아내를 따라서 임영웅 대구 콘서트에 갔어요. 콘서트를 보면서 판타지란 게 이런 거구나 하고 느꼈어요. 노래를 잘하는 가수들은 많죠. 그런데 노래도 잘하면서 사람의 마음을 울리고 진정성을 가지고 감동을 주고, 진정한 위로를 주는 가수는 정말 드문 것 같아요.

지혜의 샘(여/50대)

개인적으로 저는 임영웅의 '우리들의 블루스' 노래가 나왔을 때, 둘째 오빠를 갑자기 하늘나라로 보내서 정말 힘든 시기였거든요. 그런데 그 노래를 들으면서 많이 울었는데, 한편으로는 위로를 많이 받았어요.

저희 엄마도 아들을 잃고 상심에 빠져 있었는데요, 제가 작년에 임영웅 콘서트에 모시고 갔다 온 뒤로 많이 행복해지셨어요. 그렇게 저희한테 행복을 주고 위로를 주는 아티스트는 없었던 것 같아요.

첫 번째는 음색이 일단 너무 좋고요. 노래를 들었을 때 편안하고요. 그다음에 제가 제일 좋아했던 건 가사 전달력이에요. 가사 한 자 한 자가 가슴에 탁탁 박히는 느낌이 들었거든요. 그래서 가사 내용들이 100% 공감할 수 있게 다 들어온 것 같아요. 그냥 담백하게 오로지 가사에 집중해서 전달하는 게, 그게 저에게는 제일 크게 와닿았던 것 같아요.

수년간 병원에 다니면서 치료를 했는데도 별 차도가 없었던 우울증을 임영웅의 노래를 들으면서 극복했다는 분, 병원에서 내내 들었던 임영웅의 노래 덕분에 항암치료의 고통도 이겨냈다는 분들도 여러 분 만났습니다. 그리고 다들 '이건 말로 설명할 수 없는 기적'이라고 얘기합니다. 〈앵커리의 똑TV〉에서도 이런 현상을 과학적으로 증명해 보고 싶어서 통합의학 암전문의 문창식 박사를 모셔서 인터뷰를 한 적이 있습니다.

"우리가 암을 치료하는 데 있어서 심상이라는 게 있어요. '가이디드 이미저리 테라피(Guided imagery Therapy)'라고 하는데… 아주 유명한 치료예요. 미국 하버드 대학교에서 시작해서 미국에서는 암 환자에게 많이 쓰는 치료법인데요. 거기에 보면 '수호천사'가 나와요. 그러니까 '수호천사'라는 것은 내가 부족한 것을 의지해서, 나를 항상 도와줄 수 있는 사람이죠.

수호천사는 현실에 있는 사람도 될 수 있고, 아니면 어떤 정신세계에서 내가 의지할 수 있는 또 하나의 나를 만들 수도 있는데요. 이것도 수호천사가 될 수 있어요. 이 수호천사는 나를 지켜주는 사람이에요. 그래서 팬들이 임영웅을 수호천사라고 생각한다면, 그 사람을 생각하면 내가 좋아지는 거예요.

암 환자분들 중에도 수호천사가 있는 분들이 있어요. 그래서 아침에 자고 일어나면 같이 인사 나누고 '잘 잤느냐'고 물어보고, 저녁에 잘 때도 '잘 자'라고 인사하고 그래요. 그렇게 수호천사가 있는 분들이 병세가 좋아지고 치료가 되는 것을 많이 봤어요. 모든 질병이 육체적인 것이라고만 생각하고 정신세계와는 분리돼 있을 거라고 생각하지만 천만에요. 특히 암 같은 경우에는 심리적인 부분이 육체적인 부분보다 더 강하다고 그래요.

그리고 시간이라는 개념이 어떻게 보면 객관성이 없고 주관적이에요. 왜냐하면 어떤 사람은 단 10분이 무지하게 지루해서 10분이 1시간처럼 느껴지죠. 그런데 1시간을 10분으로 느끼는 사람도 있거든요. 임영웅 콘서트에 가면 그렇죠. 3시간을 있더라도 지루하지 않고, 시간 가는 줄 모르고…. 그것은 콘서트에 몰입을 했고, 몰입을 하는 데 그 시간 내내 즐거웠고, 그러면 혈액순환도 잘 되고 모든 게 편안해지는 느낌을 받으니까 건강해지는 거예요."

임영웅 아티스트는 수많은 영웅시대에게
수호천사가 되어주고 있는 게 아닐까요?

암 전문의 문창식 박사 인터뷰
수호천사 '임영웅의 치유'

내 생애 이런 일이
일어날 줄이야

2022년 5월 6일, 고양 킨텍스에서 '임영웅 콘서트 IM HERO'가 시작되었습니다. 〈앵커리의 똑TV〉가 임영웅의 인기와 영웅시대의 열기를 처음으로 직관한 뜻깊은 날이기도 하죠.

그날 오전. 콘서트 시작 6시간 전에 고양 킨텍스 공연장에 가기 위해 지하철에 올랐습니다. 킨텍스가 있는 대화역이 가까워질수록 하늘색 티셔츠를 입은 중년 여성들이 점점 지하철을 가득 채웠습니다.

그런데 우리가 놀란 것은 단순히 모두 똑같은 하늘색 티셔츠를 입어서가 아니라 마치 10대 소녀들이 소풍을 가듯, 하나 같이 설렘과 기쁨과 행복으로 가득 찬 표정을 하고 있었기 때문입니다. 그것은 가히 충격이었습니다.

'어떻게 한결같이 저렇게 행복한 표정을 짓고 있지? 그동안 만났던 여성들 중에 저런 표정을 짓는 사람이 몇 명이나 됐지?'

심지어 지하철 안에서 처음 만나는 분들끼리도 아주 자연스럽게 이야기를 나누며 대화역까지 가는 동안 친구가 되는 놀라운 현상도 짧은 시간에 경험했습니다.

드디어 대화역에 도착하자 하늘색 티셔츠를 입은 임영웅의 팬들이 우르르 내려 공연장으로 향했습니다.

그런데!
공연장에 도착해보니 그야말로 하늘색 물결이 장관을 이뤘습니다. 그동안 살면서 보지 못했던 생기발랄한 현장이었습니다. 〈앵커리의 똑TV〉 제작진은 방송사에 근무하면서 많은 연예인들을 만나왔지만 정작 그들에게 빠져본 경험이 전무한 심심한 사람들입니다.

그런데 하늘색 물결에 몸을 실으며 가슴 뛰는 경험도 해보고, 사람에 대한 따스함도 느껴보는 등 새로운 삶을 경험했고, 지금도 경험중입니다. 콘서트를 기다리면서 다양하고 멋진 분들을 만났는데요. 일흔을 훌쩍 넘긴 연세에 하늘색 뽀글 머리 가발을 쓰고 꽃바지를 입고, 다리를 다쳤는데도 목발을 짚고 콘서트에 오고, 직접 쓴 시와 글을 적어서 만든 책을 들고 오기도 하고….

일일이 열거하기 힘들 만큼 임영웅 아티스트를 향한 사랑과 애정, 진심을 온몸으로 표현하는 분들을 보고 '그동안 이런 열정과 사랑을 어떻게 감추고 살았을까'라는 생각이 들었습니다.

당시에 팬 분들에게 실례가 되지 않을까 하는 마음에 조심스럽게 인터뷰를 시도해봤는데요. 흔쾌히 인터뷰에 응해주신 팬 분들에게 다시 한 번 진심으로 고마움을 전하고 싶습니다.

임영웅 콘서트에서 만난
하늘색 가발의 주인공들

그런데 많은 분들이 덕질 20~30년 차 정도 되어 보이는 포스를 풍겼지만 막상 인터뷰를 해보니 의외의 대답이 많았습니다.

"나는 태어나서 연예인을 처음 좋아해 봐요. 학창시절에도 연예인을 좋아해본 적이 없어요. 그리고 태어나서 트로트를 들어본 적도 없는 내가 이렇게 임영웅을 좋아하게 될 줄은 진짜 몰랐어요."

대부분의 팬들은 이구동성으로 자신이 이렇게 임영웅 아티스트에게 빠져서 덕질을 하게 될 줄은 꿈에도 생각하지 못했다고 이야기합니다. 도대체 그들은 왜 임영웅 아티스트에게 푹 빠지게 된 걸까요?

황산스님 (남/ 60대)

〈내일은 미스터트롯〉 방영할 때 제가 트로트를 별로 안 좋아해서 관심이 없었는데 신도들이 와서 자꾸 이야기를 하더라고요. 한 번만 꼭 보라고…. 그래서 휴대폰으로 유튜브 검색해서 임영웅 노래를 쭉 들어봤는데요. 저녁 7~8시에 듣기 시작했는데 새벽 1시까지 듣고 있더라고요. 처음에는 노래를 얼마나 잘 하길래 자꾸 들어보라고 하나 반신반의하면서 들었는데요. 듣다 보니까 노래가 가슴으로 들리더라고요. 그래서 참 노래를 잘하는구나 생각했어요.

〈내일은 미스터트롯〉 경연 방송은 3회차인가부터 보기 시작했어요. 노래 잘하는 건 둘째 치고 인간성이 너무 마음에 드는 거예요. 연예계 같은 경우에는 갑질이 좀 심하잖아요. 이름 없으면 아티스트들이 정말 밥벌이 하기도 힘들고 그래서 누구한테 간섭 안 받고 자기 하고 싶은 거 할 수 있을 정도로는 힘이 좀 돼줬으면 좋겠다 하는 생각이 들었어요. 그래서 영웅시대에 가입하고 스밍도 하면서 팬 활동을 시작했어요.

피터분당(남/ 60대)

저는 원래 트로트 이런 건 별로 좋아하지는 않고, 경쾌한 음악 위주로 많이 들었는데요. 임영웅 님이 처음 오디션 할 때 부른 '바램'이라는 곡으로 입덕하게 되었어요. 지금도 그 노래를 들으면 그때 좋았던 감정이 항상 느껴져요.

첫째는 목소리나 가창력은 타고났지만, 감정 전달이 저에게는 더욱 인상 깊었고 와닿았기 때문이에요. 또 한 가지는 노래를 부르는 스타일이 점잖다고 할까 젠틀한 그런 부분이 제 성격하고 잘 맞아서 더 호감이 갔어요.

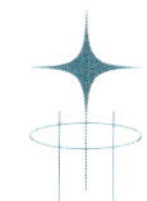

너나 우리(여/ 50대)

학창 시절에는 좋아하던 가수가 없었어요. 노래는 좋아했지만, 그렇다고 팬클럽에 가입하고 콘서트 다니고 그렇게 해본 적이 없었거든요. 그런 제가 40대 후반에 들어서서 좋아하는 가수가 생길 거라는 건 꿈에도 생각을 못 했는데요. 우연하게 찾아왔어요. 임영웅 아티스트를 통해서 삶의 안식을 찾아가는 것 같아요. 〈내일은 미스터트롯〉에서 임영웅이 '바램'을 부르는 걸 처음 들었을 때 '저 아티스트 뭐지?' 정말 이상하게 마음에 와닿더라고요.

진심을 다해서 노래하는데 마치 나한테 불러주는 듯한 느낌을 받았어요. 힘든 일이 있어도 임영웅 노래를 들으면 더 열심히 살아야겠다는 생각이 들면서 힘이 나요.

'비공식
건강검진 홍보대사'
임영웅

임영웅은 2023년 3월 18일 자신의 공식 팬 카페 '영웅시대'에 이런 글을 남겼습니다.

"영웅시대 가족 여러분! 안녕하세요. 영웅입니다. 기온이 오르락내리락하는 요즘, 여러분들 건강은 괜찮으신지 걱정입니다. 저는 늘 변함없이 튼튼하게 잘 지내고 있습니다. 시간 되실 때 건강검진 꼭 하세요. 저는 며칠 전에 했습니다. 제가 뭐라고 했죠? 건강은 직접 챙겨야 한다. 건강검진 꼭 하세요."

팬들을 향한 임영웅의 건강 당부는 유명합니다. 오죽하면 임

영웅의 팬인 부모님을 둔 자녀들은 그에게 이런 부탁을 하기도
합니다.

"임영웅 씨, 사람들한테 건강검진 좀 받으라고 얘기해주세요! 우
리 엄마 아빠 건강검진 좀 받으시게요. 병원을 안 가셔서요."

실제로 임영웅이 공식 팬 카페에 건강검진 받으라는 당부의
글을 올린 뒤에 건강검진을 받으러 가신 팬 분들이 많았습니다.
〈앵커리의 똑TV〉 구독자 중에 간호사가 몇 분 계시는데요. 본
인들이 근무하는 병원에도 건강검진 신청이 늘었다고 하더라
고요.

2024년 1월 5일부터 7일까지 열린 광주 콘서트에서는 임영
웅이 관객들에게 이런 말을 하기도 했습니다.

"드디어 2024년이 밝았습니다. 올해가 갑진년 푸른 용의 해, 말
그대로 청룡의 해인데요. 자, '내가 올해의 주인공 용띠다' 하신
분 손 한번 들어보세요."

이렇게 얘기하자 여기저기서 용띠인 사람들이 손을 들었습니다.

"올해는요. 용띠 청룡의 해이지만 용띠만 주인공이 아니라 영웅 시대 모두가 주인공이 되는 한 해가 되시길 바라겠습니다. 여러분들 올 한 해도 건강하고 행복하게 보내시길 바라겠고요. 그리고 이제는 조금 지겨워하시는 분들이 계신데 저는 끊임없이 말을 할 겁니다. 여러분들 건강검진 받으시라고… 비공식 건강검진 홍보대사로 '나건내챙(나의 건강은 내가 챙긴다)' 작년에 건강검진 안 가신 분들, 올해는 꼭 건강검진 신청하셔서 검진 받으시길 바라겠습니다. 그래야 저랑 오래오래 이렇게 같이 놀 수 있으니까요. 제 얘기 듣고 건강검진 가신 분들 손 한번 들어보세요."

그러자 객석에서 수많은 사람들이 너도나도 할 것 없이 손을 번쩍 들었습니다. 이에 임영웅은 "가셨어요? 진짜로? 가서 용종 떼고 왔어요?"라고 말해 객석을 웃음바다로 만들었습니다.

임영웅 콘서트의 한 코너였던 '임영웅의 스페이스(팬들의 사연 소개)'에서는 건강검진 독려 덕분에 암 진단 후 치료를 받을 수 있었던 한 팬의 사연이 소개됐습니다.

"영웅 씨 덕분에 건강검진 받고 암을 조기에 발견해서 치료했어요.

대장내시경은 먹는 약물이 너무 역겹고 힘들어서 매번 피하고 안 했는데요. 이번에는 영웅 씨가 건강검진을 꼭 하라고 해서 갔는데, 그동안 역겹게 느껴졌던 약물이 꿀물처럼 느껴지는 거예요. 그럴 정도로 편안하게 건강검진을 마쳤어요. 덕분에 초기 단계인 암을 진단받고 치료까지 마쳤습니다. 진짜 감사하고 사랑합니다.”

그리고 이 사연의 주인공이 관객석에서 ‘영웅’이라 적힌 플래카드를 들어 보이자, 임영웅은 “건강하시죠? 건행!(건강하고 행복하라는 뜻의 임영웅 팬덤 인사)”이라는 인사를 살갑게 건네기도 했습니다.

이렇게 팬을 대하는 임영웅의 정성어린 마음과 사랑. 그리고 배려는 이미 잘 알려져 있는데요. ‘비공식 건강검진 홍보대사’로서 평소에 귀찮고 두려워서 건강검진을 하지 않던 팬들이 이제는 건강을 챙기고 행복한 삶을 영위할 수 있도록 앞에서 이끌어가는 대장과도 같습니다.

〈앵커리의 똑TV〉는 콘서트 현장에서 수많은 팬들을 만나고, 온라인으로 메일이나 카톡으로도 다양한 사연을 접하는데

요. 그중에서도 올해 87세인 부산 장미 할머니의 사연을 잊을
수가 없습니다.

"요즘에 다리가 굉장히 무거워서 걷기도 힘들어요. 맨날 임영웅
볼라고 유튜브를 쳐다보니까 눈도 많이 나빠졌고, 이번에 콘서
트는 갈 수 있을라나 모르겠어요. 그래도 표만 당첨되면 어떻게
든 가려고 지금 열심히 운동하고 있어요."

건강이 안 좋으신데도 불구하고 손주들을 총 동원해서 티켓
팅에 도전해 콘서트에 꼭 가겠다는 그 열정은 어디에서 나오는
것일까요? 장미 할머니는 이렇게 대답했습니다.

"내가 사는 세상을 어쩌면 이렇게 아름답게 만들어주노. 이리도
좋은 세상도 있는가. 누가 뭐라 캐도 임영웅 씨는 내한테는 산소
같은 사람, 공기 같은 사람이고, 임영웅 씨만 쳐다보면 만사가 해
결되고, 내가 일찍 안 죽고 지금까지 살아 있는 게 너무 다행이
다. 일찍 죽었으면 임영웅 가수를 못 볼 거 아이가…."

이렇게 임영웅 아티스트는 팬들에게 단순한 가수가 아닙니
다. 그와 팬덤의 암호인 '건행(건강하고 행복하세요)'을 외치며

서로의 건강과 행복을 늘 빌어주고 있는 사이입니다.

구리유진맘(여/ 40대)

임영웅 님이 계속 건행하라고 해서 건강을 챙기려고 만보 걷기를 시작했어요. 살이 많이 쪄서 계속 무릎도 붓고 발목도 부어서 병원에 다녔거든요. 의사 선생님이 운동이 절실하다고 하는데 운동하면 또 힘들어서 붓는 거예요.

그럴 때마다 임영웅 님 노래를 들으면서 계속 걸었어요. 그랬더니 몸무게가 78kg에서 62kg으로, 1년 동안 16kg이 빠진 거예요. 만보 걷기 덕분에 지금 마라톤까지 하고 있어요. 마라톤으로 건강해지니까 이제 슬슬 움직이고 싶어지는 거예요. 임영웅 노래를 피아노로 치고 싶어서 피아노도 배우고, 또 영웅님을 그리고 싶어서 미술도 배우고, 이런 경험들을 글로 써보고 싶어서 1월부터 수필 수업도 듣거든요. 차곡차곡 하나씩 해나가고 있어요.

작년에는 마라톤을 뛰는데 뭔가를 좀 알리고 싶은 거예요. 그래서 임영웅 님 콘서트도 곧 있으니까 홍보 겸해서 슬로건을 들고 뛰었어요. 그런데 마라톤 영상에도 그 모습이 찍혀서 나오고 이러니까 너무 기분이 좋은 거예요. 그래서 더 열심히 해야겠다 싶어서 올해는 풀코스 마라톤도 나가 보려고 준비하고 있어요.

정말 임영웅 님 덕분에 모든 게 다 이루어졌다고 얘기하면 주변 사람들이 대단하다고 무슨 종교의 기적을 보는 것 같다고들 얘기해요. 제 삶이 임영웅 때문에 더 풍성해진 것 같아서 너무 감사하고 고맙고 그래요.

해가 저물어가는 인생에서 다시 해가 뜨는 인생으로 바꿔주고 있는 임영웅 아티스트! 이 정도면 그를 '비공식 건강 홍보대사'가 아닌 '공식 건강 홍보대사'로 불러도 충분하지 않을까요.

MBTI가
바뀌었어요

임영웅을 좋아하게 되면서 많은 팬들이 내 안에 숨어 있던 '또 다른 나'를 발견하기도 합니다. 사진 속의 두 분은 〈앵커리의 똑TV〉 오랜 구독자인 미소천사(왼쪽)와 블루다이아(오른쪽)입니다.

임영웅 콘서트장에 나타난 외계인과 매니저! 아나운서 출신 팬튜버가 알려주는 티켓팅 노하우 출처: 유튜브 'MBN 엔터테인먼트'

'IM HERO TOUR 2023' 서울 콘서트 때, 우주복을 입고 콘서트장을 찾은 두 분은 이날 MBN 〈토크백〉 프로그램 촬영 때 화면에 잡히기도 했는데요. 송은이, 김숙 두 MC를 놀라게 할 정도로 끼로 똘똘 뭉친 두 분은 원래 아주 내향적인 사람이었습니다. 그러나 임영웅 아티스트를 만나러 갈 때는 전혀 다른 사람으로 변신합니다.

임영웅 노래 'Do or Die(두오어다이)'에서 우주복을 입은 아티스트의 의상 콘셉트에 맞춰 나란히 우주복을 입고 등장한 두 분. 심지어 그와 비슷한 옷을 찾기 위해 해외의 여러 쇼핑 사이트를 뒤져서 직구로 우주복을 구입했다고 합니다.

그런데 이렇게 용기를 내신 두 분의 MBTI를 물어보니 의외로 'I'(내향적)라는 답이 돌아왔습니다. 현생(현생: 현재 인생의 줄임말. 자신의 실제 삶 혹은 지금 해야 할 일을 뜻한다. 대개 '현생 살기 바쁘다'는 말로 자주 사용합니다.)에선 유치원 교사(미소천사)와 간호사(블루다이아)인데 임영웅 아티스트를 덕질하면서 'I'가 'E'(외향적)로 변했는지, 자신의 안에 있던 스몰 E가 커진 건지 모르겠다며 행복한 미소를 보였습니다.

앵커리와 '미소천사'의 인연은 2023년 삼일절 즈음에 시작되었습니다. 당시는 임영웅의 콘서트 영화 〈아임 히어로 더 파이널〉 개봉을 앞두고 있던 시점이었습니다. 앵커리는 이왕이면 개봉하는 날 큰 스크린에서 보고 싶어 CGV 영등포 스크린X관에서 관람하기로 맘을 먹었습니다.

이곳은 2022년 한국기록원으로부터 '세계에서 가장 큰 영화 상영 스크린'으로 공식 인증을 받은 곳이기도 합니다. 그래서 CGV 영등포 스크린X관 티켓팅에 도전할 것이라고 영상을 올렸습니다. 같은 시각 예매에 도전한 분은 또 있었습니다. 바로 미소천사. 그런데 그 결과 앵커리는 실패, 미소천사는 성공.

더 기막힌 결과는 그 후에 일어났습니다. 바로 그 개봉관에 임영웅 아티스트가 나타난 것이죠. 예매 성공에 이어 실물을 영접한 미소천사는 앵커리의 영상 아래 댓글을 달았습니다. 1미터 앞에서 최애 아티스트를 만났다고. 그래서 냉큼 인터뷰 요청을 했는데요. 처음에는 거절을 하더니, 한참을 고민하다 인터뷰에 응해주었습니다. 이렇게 미소천사는 아주 내향적인 사람이었습니다.

블루다이아와는 2022년 12월 고척돔에서 인연이 시작되었습니다. 이제 막 임영웅 팬튜브를 시작하고 성장해나가는 시기였습니다. 당시 임영웅 아티스트가 콘서트에서 토끼 머리띠를 착용했는데 이와 똑같은 것을 구입해서 앵커리에게 선물해주었습니다. 방송 경력은 길었지만 유튜브는 또 다른 플랫폼이라서 고생을 좀 하고 있던 터라 아껴주는 팬이 나타난 것이 참 반가웠습니다.

나중에 알게 된 일이지만 그 자리에 미소천사도 있었다고 합니다. 임영웅 아티스트를 정말 좋아하지만 내향적이었던 두 사람. 각각 혼자서 고척돔에 와 있었던 것이죠. 그것도 오전부터. 그랬던 그녀들이 〈앵커리의 똑TV〉를 통해 친구가 되고, 임영웅 아티스트 콘서트를 즐기러 올 때면 완전 다른 사람이 되었습니다. 또한 평소에는 말수가 많지 않은데 임영웅 아티스트 이야기를 할 때면 조목조목 이야기를 잘하는 '한시적 달변가'로 변신합니다.

MBTI까지 바꿔버리는 '임영웅의 힘' 그것은 바로 '사랑의 힘'입니다.

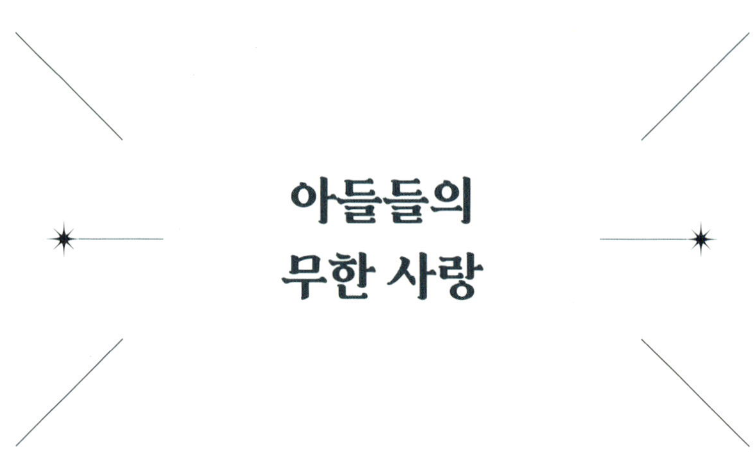

아들들의
무한 사랑

임영웅 아티스트 공연을 못 본 사람은 있어도 한 번만 본 사람은 없다고들 합니다. 그만큼 흡입력이 높기 때문입니다. 처음엔 부모님 티켓팅을 도와주다가 공연을 함께 보고, 그 후 자녀들까지 팬이 된 경우가 많습니다. 부모님들의 '나의 임영웅' 자랑을 듣다가 임영웅 아티스트를 롤모델로 삼는 경우도 있습니다.

　2022년 여름, 서울 콘서트에서 등에 재미있는 피켓을 달고 다니는 청년을 발견했습니다. 피켓에는 이렇게 적혀 있었습니다.

　티켓팅 실패: 풀 반찬

　티켓팅 성공: 고기 반찬

　#저_오늘_고기_먹고_왔어용

　어머니와 함께 콘서트를 보기 위해 왔다는 이 남성의 사연이 궁금해서 인터뷰를 요청했는데요. 주인공은 30대의 승철 씨. 알고 보니 임영웅 아티스트가 광고 모델로 활약했던 커피 회사에 근무하고 있었습니다. 모델 덕분에 제품이 많이 팔려서 연말 보너스도 두둑히 받았다는데요. 이 정도면 운명이 아닐까 싶었습니다.

　사랑하는 어머니가 임영웅을 좋아해서 티켓팅에 도전하는데 성공하면 고기 반찬, 실패하면 풀 반찬을 먹는다고 농담 반 진담 반으로 이야기했습니다. 그런데 아들인 승철 씨가 정말 가슴이 아픈 건 티켓팅 실패 시 풀 반찬을 먹어서가 아니라 실망한 어머니의 모습을 보는 것이라고 합니다.

여기까지만 보면 어머님만 팬인 것 같지만 30대인 승철 씨도 임영웅 아티스트를 무척이나 좋아한다고 합니다. 〈내일은 미스터트롯〉에서 마음을 울리는 노래를 듣고 그에게 빠져버렸답니다.

그런데 팬이 된 더욱 큰 이유는 효자 임영웅 씨처럼 되고 싶어서였습니다. 승철 씨도 어머니를 무척 사랑하는데 임영웅 아티스트가 어머니를 생각하는 효심에 반해서 팬이 됐다는 겁니다.

이렇게 부모님을 통해 임영웅 아티스트의 노래와 인성을 접하고 입덕을 하면서 부모님과 가까워지는 사례를 종종 만날 수 있습니다.

2024년 초 광주 콘서트에 갔을 때의 일입니다. 토요일 공연을 보고 실시간 라이브 방송을 할 장소를 찾고 있었습니다. 공연이 끝나고 나면 그날 공연을 본 소감을 구독자들과 소통하는 실시간 라이브 방송을 매번 하는데요. 문제는 장소입니다.

콘서트 장에서 가깝고 라이브 방송을 할 수 있는 여건이 되는 장소를 물색하는 것이 늘 걱정인데요. 다행히 광주에서는 온

통 임영웅의 사진으로 장식된 카페를 운영하는 분의 초대로 순조롭게 라이브 방송을 진행할 수 있었습니다.

그런데 카페에 도착한 앵커리를 깜짝 놀라게 한 액자가 눈앞에 떡하니 있었습니다. 액자 안에 들어 있는 것은 바로 임영웅 아티스트의 친필 사인이었습니다. 특이한 것은 사인과 함께 적혀 있는 긴 메시지였습니다. 카페 사장님께 '이 사인을 받은 주인공이 누구냐'고 물었더니 한 젊은 청년을 가리켰는데요. 바로 20대 임석민 씨였습니다.

암으로 먹을 것도 제대로 삼킬 수 없이 힘들어 하던 어머니가 임영웅 아티스트로 인해 기운을 얻고 회복되는 것을 보고 기뻤던 아들 석민 씨는 자신의 사연을 임영웅 온라인 팬미팅 때 보냈고, 그 사연을 본 임영웅은 사인과 함께 메시지까지 적어 석민 씨에게 보냈다고 합니다.

그런 모습이 기특했던 영웅시대 이모들은 석민 씨를 '조카'로 받아들였고, 석민 씨는 디지털에 익숙하지 않은 어머니와 이모들의 덕질을 묵묵히 도와주었습니다. 이모들은 우리 듬직한 석민이가 잘 되기를 누구보다 소망하기 시작했습니다.

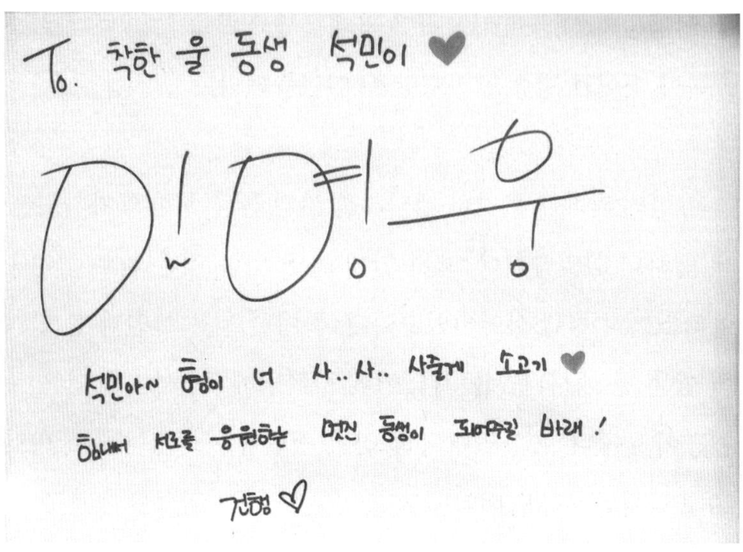

● 임영웅 아티스트가 직접 쓴 메시지가 있는 사인

석민 씨 아버지가 돌아가셨을 때도 가족처럼 그 과정을 함께
하면서 '또 하나의 가족'이 되었습니다. 직장 때문에 서울로 올
라와야 하는 석민 씨를 대신해서 어머니를 돌봐준 것도 영웅시
대 이모들이었습니다.

"다시 서울로 올라가야 해서 집에 엄마 혼자 두고 가는 게 마음
이 무거웠는데 이모들이 엄마한테 맨날 전화해서 오늘은 뭐 했
냐 괜찮냐, 밖에 나와서 커피 마시자 맨날 전화해주시고, 저한테

도 '엄마 걱정하지 말고 서울에서 열심히 일하라'고 해주셨어요. 이 모든 게 영웅이 형 덕분입니다. 영웅이 형도 항상 영웅시대 가족 여러분이라고 말하잖아요. 진짜 그 가족이 생긴 것 같아서 너무 감사하죠."

임영웅 아티스트와 이름이 같은 아들 팬도 있습니다. 앞서 소개한 미소천사의 아들인 대학생 한영웅 씨의 입덕 스토리도 흥미롭습니다. 영상을 전공하고 있는 한영웅 씨는 어머니가 다른 사람들과 통화할 때 자신의 이름을 자주 말하는 것을 듣고 귀를 쫑긋 세웠다고 합니다. 그런데 어머니의 대화 속 '영웅'이 자신이 아닌 다른 사람이라는 걸 금세 알아차렸죠. 바로 갓지컬의 소유자인 임영웅 아티스트였습니다. 한영웅 씨는 어머니가 입이 닳도록 칭찬하는 임영웅이란 사람이 어떤 사람인지 궁금해지기 시작했습니다.

어머니의 부탁도 있고 해서 임영웅의 영화 〈아임 히어로 더 파이널〉을 함께 보러 갔습니다. 영화를 보고 나니 그의 장점이 눈에 보이기 시작했고 서서히 웅며들었다고 합니다.

한영웅 씨는 임영웅 아티스트를 '육각형 인간'이라고 했습니다. 인성, 실력 뭐 하나 빠지는 것 없이 모든 것을 갖춘 사람이라는 뜻입니다.

"저도 처음 좋아할 때는 노래를 듣고 좋아하게 됐지만 뭔가 그 사람한테 관심이 생겼어요. 그런데 우리나라에 키 큰 가수, 잘생긴 가수, 목소리 좋은 가수는 많지만 제가 한 번 말했던 육각형 인간을 찾기란 쉽지 않은 것 같았어요. 인성 좋고 춤 잘 추고 노래 잘하는 장점이 전부 어우러진 사람은 없지 않을까…, 그래서 임영웅 가수에게 굉장히 큰 매력을 느꼈습니다."

한영웅 씨는 다른 것은 차치하고서라도 임영웅 아티스트 같은 인성을 갖춘 사람이 되고 싶다고 강조했습니다. 어머니와 피켓팅에 참전해 콘서트를 보러 간 한영웅 씨. 자신의 사연을 임영웅의 스페이스에 보냈습니다.

놀랍게도 한영웅 씨 사연이 콘서트 중에 소개됐습니다. 무대에 선 임영웅 아티스트가 한영웅 씨의 이름을 부르고, 잘 생겼다고 칭찬까지 해줬는데요. 그렇게 그는 임영웅의 성덕(성공한 덕후)이 됐습니다.

언론에서는 임영웅 아티스트의 팬층이 다양해지고 있다는

사실을 아직 눈치 채지 못한 채 기사를 쓰는 경우가 종종 있습니다. 팬들은 이 부분을 무척 안타까워합니다.

부모님과 자녀들이 함께 볼 수 있는 콘서트가 대한민국에 얼마나 있을까요? 8살부터 102세까지 다양한 세대가 한마음으로 노래하고 즐길 수 있는 콘서트가 있다는 것은 매우 긍정적인 사회 현상이라고 생각합니다.

세대갈등이 심각해지고 있는 요즘에 자녀와 부모님이 손자와 조부모가 임영웅 아티스트를 주제로 다양한 이야기꽃을 피우며 한층 가까워지고 서로를 이해할 수 있으니 말입니다. 다양한 세대의 마음을 사로잡고 있는 아티스트의 능력이 참으로 놀라운 뿐입니다.

2장

인생이

재밌어지기 시작했다

98세 영웅시대에게
찾아온 기적

2024년 1월 광주콘서트 때 있었던 일입니다. 임영웅 아티스트가 공연 도중에 갑자기 "98세 어머님 어디 계세요?"라고 찾기 시작했습니다.

도대체 누굴 찾은 것일까요?

그 주인공은 바로 박용숙 님이었습니다. 어떻게 사전에 알고 찾았는지… 관객들은 임영웅에게 98세 영웅시대에게 사인을 해달라고 요청했고, 임영웅은 재치가 넘치는 화답으로 또 한 번 영웅시대와 박용숙 님의 마음을 심쿵하게 했습니다.

● 박용숙 님과 딸 라헬(왼쪽), 큰며느리(오른쪽)

임영웅은 "100세 때도 공연을 보러 오셔야 하니까 젊게 사시라고 '할머니'라는 호칭은 빼고 성함만 적어드리겠다"며 'To. 용숙이♡'를 그린 다음 사인을 했습니다.

이 사연이 공식 팬 카페를 통해 회자되자 〈앵커리의 뚝TV〉 구독자들이 이 분들의 사연이 궁금하다며 인터뷰를 해달라는 요청이 들어왔습니다.

사진 속 하늘색 모자에 머플러를 하고 계신 분이 98세 박용숙 님, 그리고 아래 왼쪽이 딸 라헬, 오른쪽은 박용숙 님의 며느리이자 라헬의 올케입니다. 전화 인터뷰를 통해 이 세 분의 아픈 인생과 감동적인 사연을 알게 됐는데요.

박용숙 님은 9남매(3남 6녀)를 두셨는데요. 아들 둘을 먼저 보낸 아픔을 갖고 계셨습니다. 더욱이 큰 아들은 너무나도 젊은 나이인 30대에, 둘째 아들은 3년 전에 지병으로 세상을 떠났다고 합니다.

"큰오빠는 38살에 돌아가셔서 올케가 32살부터 엄마를 모시고 살았거든요. 그리고 3년 전에 둘째 오빠도 돌아가셨어요. 코로나 시국에…. 그때 엄마가 엄청 충격을 받으셨던 것 같아요. 오랫동안 슬픔에서 헤어 나오지 못하시더라고요. 저희 가슴이 찢어질 정도로 오빠 욕을 막 하시고요. 그러더니 작년에 폐렴에 걸리셔서 거의 돌아가실 지경이 됐어요."

더욱 놀라운 것은 큰 며느리인 라헬의 올케가 남편을 잃은 32세부터 69세인 지금까지 시어머니와 한집에 살며 딸처럼 친구처럼 지낸다고 해서 많은 구독자들을 감동시켰습니다.

“저희 올케는 작년에 간을 60퍼센트 정도 절제를 했어요. 그때 엄마가 올케 걱정을 너무 많이 하시는데 옆에서 지켜보면 눈물이 날 정도였어요. 진짜 저희한테 하는 것보다 올케한테 할 때 보면 막 눈물 나고 더 애틋하고 그래요. 그래서 엄마랑 올케랑 영웅님 콘서트를 꼭 한 번 보여드려야겠다고 생각했어요.”

“엄마가 〈내일은 미스터트롯〉을 하루 종일 틀어 놓고 계시는 거예요. ‘누가 제일 좋아?’ 그러면 ‘임영웅’이라 답하시고요. 그래서 돌아가시기 전에 꼭 한 번 임영웅 콘서트를 보여드려야겠다고 생각했죠. 그런데 그게 불가능하잖아요. 티켓팅도 힘들고 나이도 드시고 그래서….”

다행히도 영웅시대 친구들이 티켓팅에 성공해서 친정어머니와 올케를 모시고 콘서트에 갈 수 있게 된 라헬. 그런데 친정어머니가 3시간이 넘는 콘서트를 견딜 수 있을까 너무나 걱정이 되어 만반의 준비를 했다고 하는데요.

“엄마, 내일 모레가 임영웅 콘서트야.”
“아이고, 오늘만 같으면 갈 수 있는데,
일요일 일을 내가 어떻게 아나,

나이 든 사람은 눈 떠봐야 알아.”

“그러면 엄마, 병원 가서 진통주사 맞고
눈도 잘 보이게 세척하고, 고창 선운사도 다녀오자.”

어머니가 평소에 좋아하시는 선운사의 암자 도솔암에 모시
고 가서 기운을 받고 다음날 콘서트장으로 향했고, 무사히 콘서
트를 관람했다고 합니다. 모녀에게는 콘서트를 보는 행운에 더
해 임영웅의 사인을 직접 받은 기적이 일어난 것이죠.

“용숙 씨,
99세 100세에도 임영웅 콘서트에서 만나요.”
_〈앵커리의 똑TV〉 제작진

익숙한 듯 색다름,
성악가의 새로운 도전

임영웅을 좋아하는 사람들이 공통적으로 손에 꼽는 매력 포인트
는 노래를 정말 잘 한다는 사실입니다. 이는 음악 전공자도 인정
하는 부분입니다. 성악을 전공한 40대 영웅시대 김동일 씨는 앵
커리와의 인터뷰를 통해 본업존잘 임영웅 아티스트의 진면목을
확인해주었습니다.

김동일 씨는 예명예술단의 사무총장입니다. 예명예술단은
국내외 유명 음대를 졸업한 연주자들로 구성된 예명 챔버 오케
스트라를 중심으로 다양한 장르를 소화하며 연주활동을 하고
있습니다.

예명예술단은 기본적인 클래식 넘버 외에도 임영웅의 음악을 연주하는 것으로 유명한데요. 특히 '모래 알갱이'를 커버한 영상이 영웅시대에 큰 화제가 되었습니다.

그런데 예명예술단이 임영웅의 넘버들을 연주하는 까닭은 무엇일까요? 먼저 팬심입니다. 김동일 총장의 가족이 모두 임영웅의 팬인데요. 가족이 함께 〈내일은 미스터트롯〉을 보기 시작하면서 가족 모두 입덕하게 되었다고 합니다.

노래를 좋아하던 김동일 씨의 아버지가 임영웅 가수의 노래로 노래대회에 출전하시고 여동생까지 일명 '웅며들어' 가족이 모두 콘서트를 관람했다고 합니다.

김동일 사무총장뿐 아니라 예명예술단 하외란 단장님도 임영웅의 팬입니다. 휴대전화나 컴퓨터의 여러 기능들을 어려워하던 60대 초반의 단장님은 팬심으로 투표, 스밍, 티켓팅을 배우고 급기야 단장실 한편에 '임영웅 방'까지 만들었습니다.

연습실로 쓰던 방에 굿즈를 붙이기 시작해서 노래 스터디도 그곳에서 진행했습니다. 그리고 지난 2023년 9월 공연에서는

클래식 연주 후 앵콜곡을 임영웅 아티스트의 곡으로 선곡하기
에 이르렀습니다.

임영웅 노래를 클래식으로 연주하려면 편곡은 물론 연주하
는 기술과 마인드까지 새로 세팅해야 하니 보통 어려운 일이
아닙니다. 또한 새로운 시도는 망설임까지 동반하죠. 하지만 이
러한 과정을 거쳐 임영웅의 곡들을 클래식으로 연주하고 난 후
단원들은 기쁨과 보람을 느꼈고 이제는 부담을 많이 내려놓고
즐기면서 연주를 하고 있다고 합니다. 임영웅 아티스트 자작곡
인 '모래 알갱이'에 대해 김동일 사무총장은 이런 소감을 애기
했습니다.

"저는 가사를 좀 더 집중해서 보는데요. 임영웅 님이 직접 쓰신
거잖아요. 근데 가사 안에서 하고 싶은 이야기, 자신의 어떤 심
정, 팬에 대한 감사한 마음 그리고 자신이 누군가에게 이렇게 힘
이 되고 의지가 될 수 있는, 그러면서도 겸손함이 묻어나는 마음
이 오롯이 담긴 단어의 선택, 노래할 때 가사 발음의 표현이라든
지…, 이런 것들이 모두 느껴지거든요. 그런 성품을 이렇게 곱게
잘 묻어나게 하는 게 참 어려운 일이라고 생각해요. 그런 면에서
자작곡을 참 잘 썼다고 생각해요."

임영웅 아티스트가 부르는 '보라빛 엽서'를 듣고 입덕했다는 김동일 씨. 노래 실력뿐 아니라 성품도 또한 그에 못지않음을 알게 되면서 더욱더 좋아하게 되었다고 합니다. 콘서트 무대를 볼 때면 팬들에게 멋진 무대를 선사하기 위해서 세심하게 준비한 히어로의 마음이 느껴진답니다.

팬들의 안전을 위해서 수많은 안내 인력을 곳곳에 배치하고, 간이 화장실을 만들고 쉼터를 마련하는 등의 섬세함을 보면서 김동일 씨 역시 무대에 늘 서는 사람으로서 더욱 더 감동이 되었습니다.

2023년에도 김동일 총장을 인터뷰한 적이 있는데요. 당시 임영웅의 곡들로 무대를 꾸미고 싶다는 소망을 얘기했습니다. 그리고 2024년 상암콘서트가 끝나고 그 소망을 이루었습니다. 임영웅 아티스트가 발표한 곡들을 클래식으로 새롭게 편곡, 'Sweet Concert Happy Birthday Hero'를 무대에 올린 것이죠.

천안 성환문화회관에서 열린 콘서트에는 임영웅의 팬을 비롯해 300여 명의 관객들이 모인 가운데 임영웅 아티스트의 노래 10여 곡이 클래식으로 연주되었습니다. 이 특별한 공연은 관객들에게 익숙하지만 또 다른 새로운 음악 경험으로 진한 감동을 선사했습니다.

'이제 나만 믿어요' '모래 알갱이' '아버지' 같은 감성 짙은 곡들에 바이올린과 첼로의 현악 연주가 얹어지니 연주를 들으며 눈물을 흘리는 관객들이 많았습니다. 특히 대금으로 연주한 '모래 알갱이'는 그날 연주의 백미라고 해도 과언이 아니었습니다.

'모래 알갱이' 뮤직 비디오의 바닷가는 이국적인 풍경을 떠올리게 했다면, 대금으로 연주하는 '모래 알갱이'는 사극에 등장하는 조선의 바닷가에 앉아 있는 듯한 느낌을 주었습니다.

해질녘 바다에서 불어오는 바람과 함께 '내 곁에 쉬어가요'라고 나지막하게 말하는 임영웅 아티스트의 따뜻함이 대금을 통해 전해져 관객들에게 색다른 감동을 안겼습니다.

하나의 연장이 수십 번의 풀무질과 담금질을 거듭하여 명품이 나오듯 유명 스타 역시 희로애락의 연속과 자신과의 싸움에서 이겨야만 탄생합니다. 긴 무명시절을 거쳐 대한민국 최고의 아티스트로 우뚝 선 임영웅은 자신의 노래가 클래식으로 연주

될 것이라고 상상이나 했을까요?

　예명예술단이 임영웅 아티스트의 34번째 생일을 축하하며 준비한 'Sweet Concert Happy Birthday Hero'는 임영웅 아티스트에 대한 사랑으로 클래식 음악과 대중음악의 경계를 허물고 음악 본연이 주는 감동을 선사한 최고의 무대였습니다.

국민가수 임영웅
'모래 알갱이' 오케스트라 커버
출처: 예명예술단

3박 4일
'온기' 가사 받아쓰기

2024년 5월 25일과 26일에 열린 '2024 아임 히어로 더 스타디움' 임영웅의 팬들은 물론이고 언론이 주목한 콘서트를 직관하게 된 〈앵커리의 똑TV〉 제작진!

모든 무대 하나하나에 정성을 들인 임영웅의 공연에 흠뻑 빠져 있던 〈앵커리의 똑TV〉 제작진의 눈에 훅 들어온 분이 있었습니다. 저희 앞줄에 앉아 계신, 머리가 새하얀 할머님이 종이를 열심히 들여다보며 '온기'를 따라 부르고 계셨는데요. 고개를 빼꼼히 앞으로 내밀어 종이를 보니, 깨알 같은 글씨로 가사가 적혀 있었습니다.

무대에서 진심을 다해 '온기'를 열창하는 임영웅 아티스트!

그리고 그런 아티스트를 보면서 가사 한 소절 한 소절을 꾹 꾹 짚어가며 노래를 부르는 할머니의 모습을 보니 왠지 모르게 코끝이 찡해졌습니다.

'할머님에게 이런 열정과 에너지를 준 임영웅 아티스트의 힘은 도대체 무엇일까?'

임영웅 아티스트의 매력은 이미 알고 있었지만 또 한 번 그 마력에 대해서 놀라움을 느끼는 순간이었습니다.

할머님에게 궁금한 점이 많았지만, 어찌나 콘서트에 몰입해 계시는지 감히 말을 건넬 수가 없었습니다. 설렘, 눈물, 감동, 슬 픔, 웃음, 환희 그리고 사랑… 인간이 느낄 수 있는 모든 감정을 느낄 수 있었던 임영웅 아티스트의 상암콘서트 공연이 3시간 을 훌쩍 넘겨서 막을 내리자, 앞에 앉아계신 할머니의 어깨를 살짝 두드렸습니다.

"공연 재미있게 보셨어요?"

뒤로 고개를 돌린 할머님의 얼굴은 그야말로 천상의 행복감을 맛본 상기된 표정이었습니다.

"혹시 연세가 어떻게 되세요?"라고 조심스럽게 여쭤보자
"이제 86살(조정자)이에요."

할머님의 연세를 듣고 정말 깜짝 놀랐습니다.

"어머나~ 그렇게 안 보이세요. 70대인 줄 알았어요.
와~ 임영웅 아티스트를 좋아하면 다들 젊어지시나 봐요.
아까 보니까 '온기' 가사를 종이에 적어 오셨던데, 직접 적으신
거예요?"

"그럼, 내가 다 적어왔지. 이번에 나온 신곡이잖아요.
그래서 따라 부르려고 다 적어 왔지."

종이를 보여달라고 하자 흔쾌히 보여주시는데…
정갈한 글씨로 빼곡하게 임영웅의 신곡인 '온기'와 'Home'
의 가사가 적혀 있었습니다. 꾹꾹 눌러 쓴 가사를 보니 할머니
께서 얼마나 아티스트를 사랑하는지 그 마음을 느낄 수 있었습
니다. 밤이 늦은 시간이라 더 이상 붙들면 안 될 것 같아서 전화

번호를 교환하고 후일을 기약하고 헤어졌습니다. 다음날, 할머님에게 전화가 걸려왔습니다.

"인터뷰 하신다고 했는데 언제 하면 될까요?"

할머님께서는 상암콘서트에 다녀온 후일담을 너무나도 이야기 하고 싶으신 것 같았습니다. 인터뷰 시간 약속을 잡고 나니, 할머니께서 몇 장의 사진을 보내오셨습니다.

INTERVIEW

조정자 (여/ 80대)

새 노래가 나오면 이 약 봉투를 접어가지고 임영웅 유튜브를 보면서 하나하나 (가사를) 적는 데 한 4~5일 걸려요. 한 소절 듣고 멈췄다가 또 듣고 받아쓰고… 이렇게 하니까 오래 걸려요.

종이에 받아 적은 다음에 큰 책에다가 또 옮겨 적어요. 그리고 나서 유튜브를 보면서 노래 연습을 했어요. 콘서트 가서 입 꾹 다물고 있으면 콘서트에 간 의미가 없잖아요. 임영웅이 노래 따라 부르라고 했는데 가사 못 외우면 못 하잖아요. 그래서 이전에 배운 걸 다 연습해서 콘서트에 갔습니다. 그래서 임영웅 님의

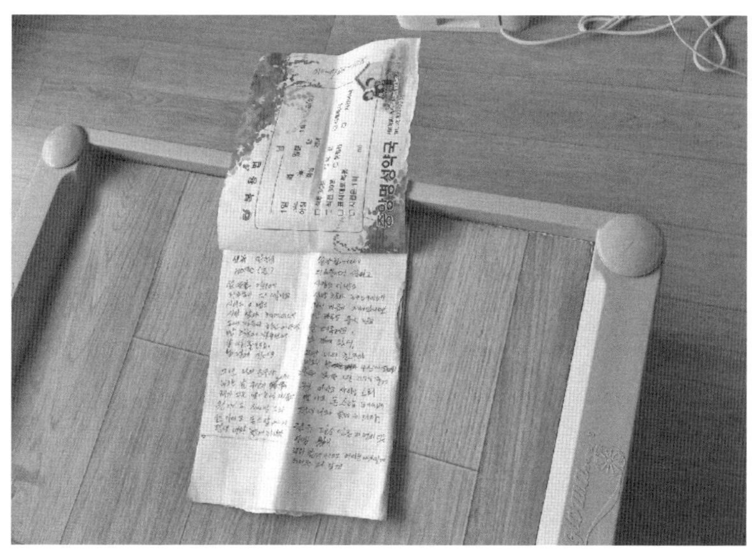

● 조정자 님이 임영웅 노래 가사를 필사한 약 봉투

노래는 모르는 노래가 없습니다.

노래 가사는 어떻게 외우는가 하면요. 복지관에 밥 먹으러 갈 때도 한 서너 줄 베껴 가지고 가면서 외우고 올 때도 외우고, 그래서 임영웅님 노래를 다 배웠어요.

이번 상암콘서트는 아주 감동적이고 임영웅 님이 기적을 일으켰다고 생각합니다. 왜냐하면 한결같은 마음과 눈빛으로 노래하고 춤추면서 영웅시대를 감동시켰거든요. 그리고 저에게도 기적 같은 일이었으니까요.

처음 콘서트에 갔는데 가기 전까지는 조마조마하고 그랬는데 콘서트에 가서 노래를 따라 하고 나니까 마음이 아주 통쾌했어요. 이제 죽을 날도 얼마 안 남았는데, 이번에 여기를(상암) 안 가면 임영웅 님을 못 봐요. 그래서 이번 콘서트에는 꼭 가서 만나보고 싶었어요. 직접 가서 보니까 임영웅 님이 풍성한 하늘빛 왕자님 같았어요. 또 팬을 배려하는 친절한 마음에 깊이 감동받았어요.

그토록 꿈에 그리던 임영웅 아티스트 콘서트에 가게 되는 기적이 일어났다고 말씀하시는 조정자 할머니가 평소 하나은행에 가면 꼭 하시는 일이 있다는데요.

"하나은행에 은행 업무를 보러 갈 때면 휴지나 젖은 물티슈로 임영웅 님 등신대를 머리부터 발끝까지 다 닦아요. 한 이틀인가 삼일인가 됐는데 은행 직원이 저를 부르더라고요. 그래서 갔더니 영웅 님 사진을 두 장, 조그마한 것 한 장을 주더라고요.
이전에는 거기(하나은행) 가면 뭐 이렇다 할 것이 없었는데요. 이제는 은행에 가서 임영웅 님 등신대를 깨끗이 청소하고 집에 오면 마음이 너무 편안해요."

알고 보니 조정자 할머니는 임영웅의 오랜 팬이었습니다. 아티스트가 2018년에 아침마당에 출연해서 5연승을 했는데요. 그때부터 눈여겨봤다고 합니다.

특히 외할머니와 엄마가 아들을 응원하는 모습을 보면서 가족이 얼마나 아티스트를 사랑하고 아끼면서 키웠는지 한눈에 알아봤다고 합니다. 그래서 조정자 할머니는 '임영웅이 노래의 왕이 되겠다'고 눈도장을 딱 찍었다고 하셨는데요. 그리고 나서 영웅시대 팬 카페에 가입하고 싶어서 휴대전화 매장에 찾아가서 도움을 청했답니다.

"빨리 팬 카페에 가입을 해야겠다 싶어서 삼성전자 휴대전화 파는 데 쫓아가서 회원 가입을 했습니다. 그리고 거기 직원들에게 임영웅이라는 사람은 왕이 될 사람이라고 말했거든요. 그러니까 '아니 할머니가 무슨 점 보는 사람이에요'라는 거예요. 그래서 난 딱 보면 안다고 했죠. 그런데 정말 노래하는 왕이 됐습니다."

조정자 할머니께서는 보청기를 끼고 인터뷰를 하셨는데요. 인터뷰 내내 긍정적인 에너지가 넘쳤습니다. 귀가 어두우신데도 임영웅 아티스트의 노래를 수만 번 되감고 다시 들으며 가사를 받아 적는 그 애정과 열정에 다시 한 번 깊은 박수를 보냅니다. 다음 신곡이 나오면 또 꼬박 3~4일을 즐거운 마음으로 기록하시겠죠?

다음 콘서트 때도 꼭 뵙길 바랍니다.

임영웅 보러
스페인에서
유학 왔어요

임영웅 아티스트는 일기를 씁니다.
그 일기에 이런 소망을 썼다고 합니다.

'세계적인 가수가 되고 싶습니다.'

아! 임영웅 아티스트는 세계적인 가수를 꿈꾸고 있었구나.
그런데 해외 활동을 본격적으로 시도하지는 않았지만, 이미 해
외에도 자생적 팬들이 생겨나고 있습니다.

〈앵커리의 똑TV〉 제작진이 '2023 더 팩트 뮤직 어워즈' 취

재를 갔을 때 일입니다. 행사장에 못 오신 구독자 분들을 위해 라이브 방송을 진행하고 있었는데요. 그런데 그때 시상식을 기다리고 있던 팬들 사이에서 웅성거림이 들리기 시작했습니다. 금발의 소녀가 하늘색 머리핀에 '사랑해 임영웅' '모래 알갱이'가 새겨진 배지를 옷 여기저기 붙이고 나타난 것이죠. 양손에는 '사랑해 진짜 임영웅' 슬로건까지 들고 말입니다.

"임영웅, 너무 좋아요."

한국을 정말 좋아해서 우리나라에 공부하러 온 스페인 유학생 20대 알렉사였습니다. 한국 음악 K-POP, 특히 임영웅 아티스트를 좋아한 것이 한국으로 유학 오게 된 결정적인 계기였다고 합니다.

2022년부터 임영웅의 팬이 되었다는 알렉사의 기숙사 방에는 아티스트의 사진으로 도배되어 있습니다.

스페인에서 유튜브로 임영웅의 노래를 우연히 듣게 된 것이 시작이었습니다. 특히 '사랑해요 그대를'을 듣고 팬이 되었답니다. 유튜브가 골라준 영상이 입덕의 계기가 된 것입니다. 유튜브가 팬과 아티스트를 연결해준 셈입니다. 예전과 달라진 K-POP의 위상과 새로운 플랫폼이 가져온 변화를 느낄 수 있었습니다.

"이거 누구예요? 진짜 잘 생겼어요!"
"잘생겼어. 노래 진짜 좋아요."

서툰 한국말로 연신 웃음을 띠며 감탄사를 연발하는 스페인 팬의 고백을 듣고 있자니 실제로 보면서도 믿기지 않아서 더 놀라웠습니다. 스페인 영웅시대의 등장에 국내 영웅시대도 많이 기뻐하고 격려해주었습니다.

알렉사는 그 이후로 영웅시대 팬들 사이에 유명인사가 되었습니다. 알렉사를 처음 만난 지 한 달 후, 임영웅의 '아임 히어로 투어' 2023 콘서트가 열렸습니다.

우리 구독자 중 한 분이 알렉사와 콘서트를 함께 보고 싶다는 연락을 보내왔습니다. 고대하던 콘서트 당일, 알렉사는 굿즈도 사고 페이스 페인팅도 하고 콘서트를 기다렸습니다. 그리고 임영웅 아티스트에게 엽서도 썼습니다.

한국어를 배운 지 1년이 조금 넘은 상황이라 길게 엽서를 쓰는 것은 어려웠지만, 한글로 또박또박 이름을 쓰고 스페인에서 왔다며 메시지를 남겼습니다.

"Te quiero(떼 끼에로)."
(당신을 사랑해요)

그런데 기적 같은 일이 벌어졌습니다.
임영웅 아티스트가 알렉사의 엽서를 콘서트에서 읽어준 것입니다. 정말 기쁜 나머지 펄쩍펄쩍 뛰는 알렉사의 모습은 콘서트 도중 카메라에 그대로 잡혔고 나중에 임영웅 공식 유튜브 채널에 올라오기까지 했습니다. 스페인에서 온 알렉사가 성덕 (성공한 덕후)이 되는 순간이었습니다.

알렉사는 미디어를 전공하는 대학생입니다. 스페인에서는 가수들을 인터뷰하는 유튜버이기도 합니다. 한국이 좋아서 국악 동아리 활동도 하면서 열심히 '대한민국 생활'을 즐기고 있습니다. 부대찌개와 떡볶이를 좋아하고 임영웅의 노래를 정말 좋아합니다.

얼마 전 새로 사귄 남자친구에게도 임영웅의 노래를 가르쳐주고 있다고 합니다. 임영웅의 유튜브 채널에 보면 다른 나라 언어 자막이 달려 있습니다. 지금 이 순간에도 지구 저편 어딘가에서 누군가 그 영상을 보며 입덕하고 있을지도 모를 일입니다.

최근에 임영웅의 노래를 리뷰하는 외국인 유튜버들을 종종 볼 수 있습니다. 한국어 가사의 의미를 정확히 모른다고 해도 그의 감성을 이해하고 눈물을 흘렸다는 이야기를 심심찮게 들을 수 있는데요.

2022년 임영웅 아티스트가 일본에서 열린 MAMA AWARDS
에 참석했고, 당시 일본에서의 무대를 보고 그에게 빠진 유튜버
도 있었습니다.

그뿐이 아닙니다. 최근에는 '온기'를 듣고 감동하는 프랑스
유튜버의 리뷰를 보게 됐는데요. 우리와는 다른 관점으로 아티
스트의 노래를 리뷰하는 것이 매우 흥미로웠습니다. 언어는 달
라도 임영웅의 목소리를 극찬하고 감동하는 것은 같았습니다.

〈앵커리의 똑TV〉 채널을 운영하다 보니 언어 공부를 해야
겠다는 생각이 종종 듭니다. 가끔 영어로 중국어로 일본어로 댓
글이 달리는데요. 현지에 살고 있는 교포일 때도 있지만 외국인
팬들도 임영웅에 관한 뉴스가 궁금해서 〈앵커리의 똑TV〉에 들
어오기도 합니다.

언젠가부터 실시간 라이브 방송을 할 때마다 낯선 댓글이 달
렸습니다. 싱가포르에 살고 있는 팬이었습니다. 궁금하긴 한데
어떻게 말을 걸어야 할지 난감해 하고 있을 때 메일이 한 통 왔
습니다.

이언경 앵커님에게

제 소개를 조금 하겠습니다. 저는 네팔 카트만두 출신의 '락스미 샤르마 붐'이라고 합니다. 홍콩에서 태어나고 자랐으며 대학교 다닐 때 네팔에서 6년 정도 살았습니다. 두바이, 홍콩, 필리핀에서도 살았고, 지금은 싱가포르에 살고 있습니다. 결혼해서 두 아이를 낳고 둘 다 딸입니다. 큰딸은 이미 결혼해서 두바이에서 일하고 있고, 작은딸은 17살이 되어서 곧 대학교에 진학합니다. 임영웅 가수를 알기 전에는 한국의 트로트와 임영웅 아티스트의 노래를 들어본 적이 없습니다.

2021년쯤 코로나가 강타했을 때 필리핀은 물론이고 다른 나라들도 완전히 잠겨 있었습니다. 하루 종일 집에서 한국 드라마를 보는 것 외에는 별 다른 일이 없었습니다. 그러던 어느 날 인터넷에서 검색을 하다가 〈내일은 미스터트롯〉 클립을 보게 되었고 궁금증이 생겨 첫 회부터 시청하기 시작했습니다. 임영웅 가수가 '바램'을 불렀고 그 이후로 저는 그 노래에 푹 빠졌습니다. 매주 시청하면서 계속 사랑에 빠진 제 모습을 보게 되었습니다.

지금은 임영웅 가수의 열렬한 팬입니다. 스포티파이에서 항상 그의 음악을 듣고 있습니다. 멜론도 지니도 싱가포르에서는 들을 수 없습니다. 그래서 유일한 선택지는 유튜브와 스포티파이입니다. 매일 유튜브에서 그의 소식을 듣기 시작했습니다. 저는 임영웅 가수의 팬 카페 '영웅시대'의 회원이기도 합니다.

영웅시대를 통해 친한 친구를 찾게 됐어요. 그리고 저는 서울에서 공연을 두 번 봤어요. 〈앵커리의 똑TV〉 채널을 즐겨 봅니다. 차분하고 사랑스러운 분이시네요. 목소리와 말투도 너무 좋아요. 언젠가 제가 한국에 갈 때 만나 뵙기를 바랍니다. 아마 이맘때나 연말쯤이면 두 번째 콘서트에서 만날 수 있을 것 같습니다. 메일이 너무 길어져서 말하고 쓰기가 더 어려워졌지만, 오늘은 여기까지만 해야 할 것 같아요. 앞으로도 계속 연락해요.

싱가포르에 거주하는 분과 직접적인 소통이 시작된 순간이었습니다. 우리는 카카오톡으로 메시지를 주고받기 시작했습니다. 〈앵커리의 똑TV〉가 2023년 두 달간 카페를 빌려 '오픈 스튜디오'를 열었을 때, 드디어 락스미가 이곳을 방문했습니다. 락스미의 서툰 한국어와 앵커리의 부족한 영어로 인터뷰를 진행했습니다.

"임영웅 아티스트의 목소리를 들었을 때 따뜻하고 마음이 느긋하고 부드러워서 그래서 좋아했어요."

17살 딸과 함께 임영웅의 2022년 대전 콘서트를 관람했는데, 딸은 임영웅의 노래 '아비앙또'를 무척이나 좋아했다고 합니다. 락스미는 아티스트의 노래도 좋지만 다른 사람들을 존중하는 태도가 특히 인상적이었다고 합니다. 그리고 따뜻한 영웅시대에게도 놀랐다고 합니다.

"영웅시대 팬 문화에 놀랐습니다. 서로 많이 도와줍니다. 음식도 나눠주고 굿즈도 나눠주고 포토카드도 나눠주고 임영웅을 닮아서 영웅시대가 너무 따뜻합니다."

따뜻한 목소리의 임영웅 아티스트가 불러주는 노래는 모두 좋아한다는 락스미의 행복한 표정을 보면서 임영웅 아티스트가 꿈꾸는 대로 '세계적인 가수'가 된 모습을 그려보게 되었습니다.

락스미와 언젠가 싱가포르에서 임영웅 아티스트의 콘서트를 함께 볼 날도 오겠죠?

스페인사람 알렉사가
임영웅에게 반해서
한국까지 온 사연은?

싱가포르 영웅시대!
임영웅이 그녀를 알아보고
건넨 말은?

오늘도
즐겁게 싸워볼게요

임영웅에 관련된 특별한 날이 되면 기부하는 팬이 있습니다. 임영웅 미국 팬으로 유명한 수테일러 님입니다. 그녀는 온몸이 굳어가는 루게릭병을 앓고 있어 공연을 보러올 수는 없지만, 아티스트의 선한 영향력을 보며 그녀 역시 기부를 통해 임영웅에 대한 사랑을 전하고 있습니다.

수테일러 님에 대한 기사를 접한 후 〈앵커리의 똑TV〉는 그녀와의 인터뷰를 시도했습니다. 한국과의 시차도 있지만 인터뷰를 진행하기 쉽지 않아 카카오톡으로 질문을 보내고 시간이 날 때마다 카카오톡 메신저에 답변을 녹음하는 방식으로 인터

뷰를 진행했습니다.

현재 로드아일랜드에 살고 있는 수테일러 님은 이민 1세대입니다. 임영웅 아티스트를 어떻게 알게 되고 열렬한 팬이 되었을까요?

수테일러 님은 한국에 있을 때 잠시 가수 생활을 했었다고 합니다. 친구 따라 강남 간다는 말이 있죠? 그녀 역시 친구 따라 간 노래 대회에서 1등을 한 이후 가수 데뷔를 앞두고 있었습니다. 하지만 공부를 잘 하는 예쁜 딸이 소위 딴따라가 되는 것을 볼 수 없었던 아버지는 딸을 미국으로 보냈습니다. 한국 사람은커녕 동양 사람도 찾아보기 어렵던 시절이었습니다. 낯선 미국에서 자신의 꿈을 접고 직장생활을 해야 했던 그녀는 '동양 여자는 일 못해'라는 소리를 듣고 싶지 않아서 더욱 열심히 일을 했고, 가정을 꾸렸다고 합니다.

그런데 아이들이 다 크고 살만해질 무렵 몸의 이상을 느꼈습니다. 여기저기 병원을 찾아다녔지만 병명을 찾지 못했다고 합니다. 3~4년간 원인 모를 병마와 씨름한 이후에 루게릭이라는 청천벽력 같은 진단을 받았습니다. 밤낮으로 울면서 극단적인 선택을 시도하기도 했습니다.

그 무렵 우연히 임영웅이 KBS 〈전국노래자랑〉에서 노래하는 것을 보게 됐습니다. 음반을 내자는 제의까지 받았던 수테일러 님은 한눈에 그의 진가를 알아보았습니다. 또다시 〈내일은 미스터트롯〉에 출전한 임영웅을 보게 되었습니다. 그가 불렀던 '바램'을 듣고 많은 분들이 3초 만에 팬이 됐다고 해서 '3초의 기적'이라고 부릅니다. 그러나 수테일러 님은 '1초의 기적'이었다고 회상합니다.

'100m 달리기를 하듯 앞만 보며 달려왔는데 이제 살만해지니까 이런 병이 내게 찾아왔구나' 하는 생각에 힘들어하던 그녀에게 크나큰 위로가 됐다고 합니다.

그렇게 임영웅에게 빠져든 그녀는 인터넷에서 아티스트에 대해 알아보기 시작했고, 무명시절 때 본인이 힘들면서도 어려운 사람들을 도우려는 인성을 가진 가수라는 것을 알게 됐고, 수테일러 님도 임영웅 아티스트의 선행에 동참하고 싶어졌다고 합니다.

미국에서도 종종 기부를 해왔지만, 아버지에게 쫓기듯 떠나온 고국이라 다시 돌아볼 생각을 못하고 있었는데, 임영웅 덕분에 고국의 아이들을 돕고 싶은 생각이 들었답니다. 다시 대한민국이 그녀의 마음에 들어온 것입니다. 임영웅의 생일, 데뷔일, 설날, 추석에는 어김없이 고국의 어린이들을 돕기 위해 '초록우산 어린이재단'에 꾸준하게 기부를 이어가고 있습니다.

임영웅을 알게 되고, 자신의 삶이 많이 변화됐다는 수테일러 님! 60년 전 고국을 떠나오면서 잊고 살았던 노래도 다시 부르게 되었습니다.

루게릭이란 병은 근육의 마비를 가져옵니다. 그런데 희한하게도 임영웅 아티스트의 노래를 즐겁게 부르고 나면 마비 증상을 보였던 혀가 부드러워지는 것을 느낀다고 합니다. 그녀는 임영웅 아티스트의 노래를 듣고 부르면서 '오늘도 하루하루 루게릭과 즐겁게 싸워보겠다'고 다짐합니다.

이런 것이 기적이 아닐까요? 그녀의 소원은 임영웅 아티스트의 콘서트를 한 번이라도 보는 것이라고 하는데요.

지난 2023년 2월 11일~12일 LA에서 콘서트가 열리긴 했지만, 그녀가 살고 있는 로드아일랜드에서 아픈 몸을 이끌고 가기에는 너무 먼 곳이었습니다.

임영웅이 세계적인 아티스트가 되어 수테일러 님이 계신 곳에서도 콘서트를 열게 된다면 얼마나 좋을까? 하는 바람을 가져봅니다. 수테일러 님에게 잊고 있던 고국과 희망을 다시 찾아준 임영웅 아티스트! 그와 수테일러 님이 만나는 날이 오길 고대해봅니다.

3장

임영웅에게

덕통사고를 당하다

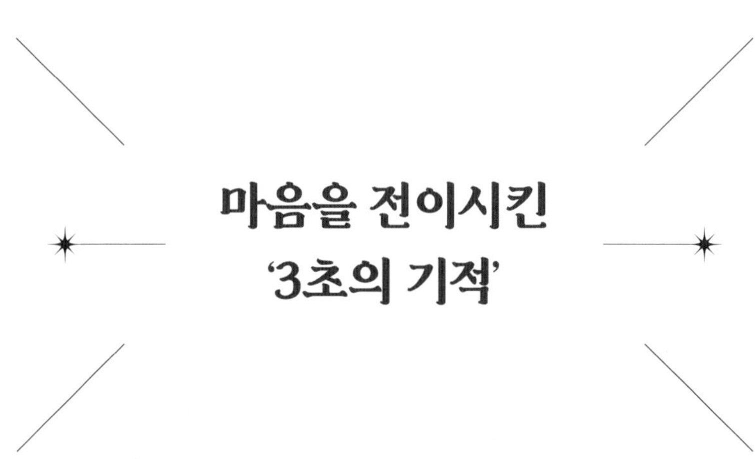

마음을 전이시킨
'3초의 기적'

〈앵커리의 똑TV〉가 만난 임영웅을 사랑하는 이들은 그와의 첫 만남을 기억하면 지금도 가슴이 설레고, 먹먹하고, 내 인생 최고의 행운이었다고 입을 모읍니다.

2020년 1월 2일 〈내일은 미스터트롯〉 예선전.

182cm가 넘는 훤칠한 키에 얼굴에는 '반듯함'이라고 써 있는 서른 살의 청년 임영웅의 경연 첫 곡은 바로 노사연의 '바램'이었습니다,

'어머니에 대한 마음을 담은 노래'라며 선곡한 이유를 차분하게 대답하는 인터뷰 영상이 나오고, 곧이어 무대에서 호흡

을 가다듬는 청년 임영웅의 긴장된 모습이 화면을 가득 채웠습니다.

이때까지만 해도 임영웅도, 제작진도, 대한민국의 수많은 영웅시대도 지금의 슈퍼스타 임영웅이 탄생할 줄은 아무도 몰랐을 겁니다.

'내 손에 잡은 것이 많아서 손이 아픕니다.'

임영웅이 덤덤하게 툭 던진 '바램'의 첫 소절에 연예인 마스터, 녹화장에 있던 방청객들의 눈과 귀가 번쩍 열리고, 입에서는 탄성이 터져 나왔습니다. 그리고 녹화 현장이 아닌 TV 앞에서 지켜보던 수많은 시청자들의 가슴속에는 알 수 없는 울림과 뜨거움이 훅하고 올라왔습니다.

예전에 명절이면 방송사에서 마술쇼를 보여주곤 했는데요. 아직도 기억에 선명한 것이 마술사가 숟가락을 들고 나와서 TV를 보는 시청자들에게 자신이 주문을 외우면 다 같이 숟가락을 구부려 보라고 하는 거였습니다.

놀랍게도 많은 시청자들이 숟가락을 구부리는 놀라운 매직

을 경험했는데요. 이 비유가 정확할지 모르겠지만, 임영웅의 노
래는 TV라는 상자를 뚫고 나와 전국 수많은 시청자들의 마음
에 매직을 일으켰습니다.

'바램'은 노사연이 2014년 11월 27일에 발매한 싱글 앨범입
니다. 하지만 노사연의 팬이 아닌 일반 대중들에게는 잘 알려지
지 않은 곡이었죠. 〈앵커리의 뚝TV〉 제작진 역시 임영웅이 부
른 '바램'을 듣고 '이렇게 좋은 노래가 있었네'라는 생각을 하며
곱씹어서 들었습니다. 그리고 가사 하나하나가 마음에 콕콕 박
히는 신기한 경험을 했습니다.

우리가 지난 3년간 '2022, 2023 임영웅 콘서트 아임 히어로'
현장 취재를 할 때 임영웅의 팬들에게 물어보는 공식 질문이
있습니다.

'언제부터 임영웅 아티스트를 좋아하게 됐나요?'

그러면 대부분 '바램' '보랏빛엽서' '어느 60대 노부부의 이
야기'를 듣고는 팬이 됐다고 말합니다. 임영웅의 노래를 듣는
순간에 덕통사고에 당한 것이죠(덕통사고 : 갑자기 훅 하고 들어오

는 교통사고처럼 어떠한 이유로 인해 팬, 즉 덕후가 되는 것을 이르는 신조어로 덕후+교통사고의 합성어입니다).

무려 4년이 지났는데도 그때의 형용할 수 없는 감정이 벅차올라 영웅시대는 인터뷰를 하면서 눈물을 흘리기도 합니다.

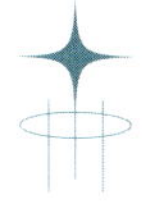

대박여인(여/50대)

임영웅 님이 부른 '바램'을 들으면서 계속 눈물이 났어요. 여동생이 반찬가게를 하는데요. 애들을 키우면서 새벽부터 일어나서 반찬을 만들며 열심히 사는 동생을 보면 삶이 너무 무거워 보였거든요. 그런데 '바램'을 듣는데 갑자기 동생 생각이 나서 한참을 울었어요. 목소리도 좋지만 뭔가 마음을 끌어당기는 힘이 굉장히 큰 것 같아요. 콘서트 갈 때마다 매번 울게 된다니까요.

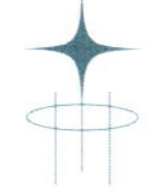

유문기(여/40대)

저는 화면을 보지 않아서 임영웅의 얼굴을 보지 않고 목소리만

들었단 말이에요. 그런데 목소리만 들리는 상태에서 고개가 저절로 TV 화면으로 돌아갔을 정도로 목소리에 끌렸어요.

그리고 거실에 선 채로 노래가 다 끝날 때까지 서 있었어요. '저 사람이 진이다'라고 확신을 했어요. 임영웅의 목소리가 왜 그렇게 저를 끌어당겼는지 생각해보면 그의 마음속에 담긴 진심이 상대방에게 전해져서 '전이'가 일어난 것 같아요. 전이라는 거는 암이 전이됐다라고 나쁜 뜻으로 많이 쓰이는데요. 사실은 감정도 전이가 되잖아요. 우리가 좋은 사람들과 만나면 분위기가 좋아지고 좋은 감정들이 전이되고, 나쁜 사람들과 만나면 나쁜 감정들이 전이되잖아요. 임영웅의 진심과 따스함이 저에게 전이가 일어난 것 같아요.

〈내일은 미스터트롯〉 경연 내내 수많은 사람들을 감동시키며 드디어 2020년 3월 14일 임영웅은 진이 되었습니다. 임영웅은 이름 석 자 그대로 가요계의 영웅으로 거듭나며 수많은 팬덤인 영웅시대의 서막을 열었고, 그들의 인생을 180도 바꿔놓는 기적을 일으켰습니다.

영웅시대,
왜 특별한가?

〈앵커리의 똑TV〉 제작진은 오랫동안 방송 콘텐츠를 제작해온 방송 제작자들입니다. 예능, 시사, 교양, 다큐멘터리, TV 편성 등 다양한 방송 분야를 섭렵했습니다. 그런 우리가 임영웅 팬튜브를 하고 있다고 하면, 대부분 이렇게 묻습니다.

'왜 임영웅 팬튜브를 해요?'

'임영웅이 그렇게 대단하다면서요?'

'왜 그렇게 인기가 많아요?'

우리가 보통 누군가를 사랑할 때, 주변에서 이렇게 묻곤 하죠.

‘그 사람 어디가 좋아요?’

‘매력이 뭐에요?’

그러면 흔히 ‘그냥 다 좋아요’라고 답하게 됩니다.

그런데 임영웅을 왜 좋아하냐고, 왜 그렇게 인기가 많냐는 질문에는 ‘그냥 머리부터 발끝까지 다 좋아요’ ‘노래를 잘 하잖아요’라는 대답으로는 성에 차지 않습니다.

이 정도의 단순한 이유로는 임영웅의 팬덤인 ‘영웅시대’가 이렇게 전국적으로 거대한 팬덤을 자생적으로 만들어낼 수 없기 때문이죠.

그렇다면 아티스트 임영웅에게 변함없는 지지를 보내주는 ‘영웅시대’는 어떨까요? 좀 더 자세하게 들여다보겠습니다.

△ **영웅시대**: 공식 팬 카페 이름이자 임영웅을 응원하는 모든 팬을 지칭하는 단어로 ‘영시’라는 줄임말 애칭으로 많이 불립니다.

△ **팬덤 색상**: 청량한 가을 하늘 같은 ‘하늘색’

△ **응원 도구**: 하늘색을 포인트로 임영웅의 이니셜 ‘Y’와 ‘W’가 강조

된 디자인의 응원봉은 발광 다이오드(LED) 기능을 갖고 있습니다. 개별 제어는 물론 총 6개의 다채로운 애니메이션 효과가 가능합니다. 콘서트장에서 응원봉을 제어해 아티스트 임영웅의 노래와 무대가 바뀔 때마다 응원봉 색상이 바뀌어 콘서트를 더욱 즐겁게 즐길 수 있습니다.

△ **팬덤 규모**: 올해로 7주년을 맞은 영웅시대, 약 20만 4천여 명(2024년 5월 12일 기준) 스타 응원 점수 등을 반영해 카페 활성화 정도를 가늠하는 '다음 팬덤 랭킹'에서는 독보적 1위를 기록 중입니다.

2017년 5월, 27명의 회원을 시작으로 2018년 750명, 2019년 1,600명, 2020년 3월 〈내일은 미스터트롯〉 진(眞) 등극 이후 5만 명으로 급성장, 2017년 말 80명이었던 회원 수가 2024년 5월 기준 20만 4,000명이 된 것은 2,550배 증가한 수치입니다.

△ **팬덤 구성**: 주요 연령층은 40대에서 70대이고, 갈수록 2030세대는 물론 10대들로 연령층이 점점 확장되고 있는 추세입니다.

임영웅의 팬덤인 '영웅시대'를 두고, 문화적인 현상으로 접근해서 분석하는 일례도 굉장히 많습니다. 그만큼 가요계에서 엄청난 일이 일어났기 때문입니다.

영웅시대는 단순히 임영웅을 좋아해서 노래를 듣고 콘서트를 다니는 등 그의 활동을 서포트하는 것에 머무르지 않습니다. 조직적으로 봉사활동을 하며, 각종 기부에도 적극 참여합니다. '영웅시대' 회원들이 총 기부한 금액은 20억 원이 넘는 것으로 알려졌습니다(2024년 5월 12일 기준).

일생을 누군가의 어머니이자 아버지, 누군가의 딸이자 아들로 살아온 이 땅의 수많은 이들이 영웅시대라는 또 다른 이름을 새로이 얻고 새로운 삶을 살게 되었습니다. 그리고 그 원동력은 바로 아티스트 임영웅입니다.

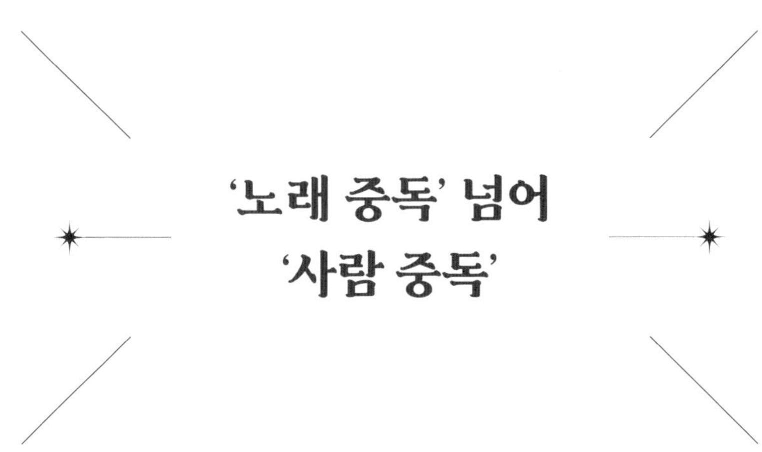

그렇다면 이렇게 임영웅의 팬들이 이전과는 다른 새 삶을 살게 된 원동력은 무엇일까요? 임영웅이 노래를 잘하는 아티스트라는 것만으로 대답이 될까요? 우리는 수많은 영웅시대들을 직접 만나 이야기를 나누면서 그 답을 알게 됐습니다.

과거에는 노래 잘하고, 춤 잘 추고, 퍼포먼스를 잘하면 인기 있는 스타가 될 수 있었습니다. 하지만 요즘에는 그것만으로는 인기를 얻기가 쉽지 않습니다. 잠깐 인기를 얻을 수 있겠으나 그 인기가 오래 가지 못합니다. 거대한 팬덤을 형성하는 건 더더욱 쉽지 않습니다.

중장년층 세대는 흔히 말하는 MZ세대와는 다릅니다. 인생의 절반 이상을 살아왔고, 남은 인생을 함부로 쓰고 싶어하지 않습니다. 물건 하나를 구입할 때도 값을 치르더라도 제대로 만들어진 오래가는 물건을 고르려고 합니다.

인생에 있어서 실수는 최대한 줄이고, 완벽하고 행복하게 살고 싶어합니다. 그래서 이 시기는 진짜 내 사람과 아닌 사람을 구별하며, 만나는 사람을 정리하는 시기이기도 하죠. 그래서 내가 '내 남은 인생을 기꺼이 함께 하고 싶은 사람'을 신중하게 선택합니다, 그렇게 고르고 고른 사람이 바로 임영웅 아티스트인 것입니다.

자신의 가족인 할머니와 어머니를 귀하게 대하고, 본업존잘이라고 하죠?(본업에 있어서 완벽하고 성실하게 최선을 다하는 사람을 이르는 신조어입니다) 어린 시절부터 지금에 이르기까지 잡음이 없이 곧고 바르게 자라온 임영웅이란 사람에 매료된 것입니다.

영웅시대는 '임영웅을 좋아하는 마음은 입구는 있어도 출구는 없다'고 이야기합니다. 시간이 지날수록 깊이 빠져든다고 '늪'이라고도 표현합니다. '개미굴'이라고도 하고요.

안나판교(여/ 60대)

개미굴이에요. 빠져나올 수가 없어요. 목소리, 말하는 톤, 인성, 주변 사람들 챙기는 그런 행동들이 모두 매력으로 플러스가 돼서 점점 더 좋아지더라고요.

처음에는 임영웅의 노래 때문에 좋아했다가 미담이 전해질 때마다 임영웅이라는 사람에 깊이 스며들게 된다는 겁니다.

이제 30대 초반의 청년이 인생을 길게 살아온 어른들의 눈으로 봐도 깜짝 놀랄 만한 행동과 말을 어쩌면 그렇게 잘 하는지 알면 알수록 놀랍다고도 합니다. 그런 임영웅을 보면 사랑을 넘어 존경의 마음까지 든다고도 말합니다.

혹자들은 저희에게 물어봅니다.

"왜 임영웅은 넘사벽이 되었냐고?
대한민국에 노래를 잘 하는 아티스트가 임영웅뿐이냐고?"

그 물음에 이렇게 답하고 싶습니다.

"음악 중독으로 시작해 '사람중독'이 되어버렸기 때문이라고.
타고난 실력도 뛰어나지만, 거기에 안주하지 않고 끊임없이 들
리는 미담과 사랑, 배려로 인해 임영웅에게 중독됐기 때문이
라고…."

영웅시대에게 임영웅이 있고, 임영웅에게 영웅시대가 있습
니다. 서로에게 든든한 우산이 되고, 변치 않는 소나무와 같은
울타리가 되어주고 있습니다. 임영웅 씨 공식 유튜브 채널 설명
보기란에는 이렇게 써 있습니다.

임영웅 웅튜브
구독♡좋아요♡알람설정
열심히 할게요/당신도 누를 수 있도록
Lim Young Woong [I'm HERO] Youtube Channel
Subscribe Like Alert Setting
Thank You♡

임영웅 아티스트가 팬을 대하는 마음은 이런 것입니다. '나

를 사랑해주세요'가 아니라 '나를 사랑할 수 있도록 열심히 할게요.' 그러니까 팬들은 '좋아요'를 누르지 않을 도리가 없겠죠?

이런 임영웅에 대한 기사를 쓰다가 그의 팬이 된 기자도 있습니다. 바로 〈톱스타뉴스〉의 연예 전문 장지우 기자입니다. 그녀는 2023년 임영웅 콘서트를 올콘(모든 콘서트 관람)했습니다.

"저는 기사를 쓰면서 (임영웅을) 많이 좋아하게 됐어요. 기사를 쓰려면 보통 영상을 서너 번 정도 보게 되는데요. 그렇게 영상을 자꾸 보게 되니까 이 사람이 〈내일은 미스터트롯〉에 처음 나왔을 때부터 지금까지 정말 변함이 없고 똑같은 스타일로 팬을 대하는 모습이 너무 보기 좋은 거예요. 변함없는 심성, 인간성은 뭐 두말할 필요가 없잖아요. 그러다 보니까 좋아하게 됐죠. 특히 그의 노래 중에서 '인생찬가'를 참 좋아해요. 위로를 많이 받는 곡이어서요. 그리고 이번에 올콘 하면서 '아버지' 노래는 들을 때마다 통곡을 했어요."

기사를 쓰면서 '임영웅 아티스트' 영상을 자주 보고 듣다보니 노래에 빠져들었고, 팬들이 전해주는 미담을 듣다보니 그의 인성에 또 한 번 빠져들었다는 겁니다. 수년간 연예부 기자로 활동한 장지우 기자에게 궁금한 질문이 하나 있었습니다.

"과거부터 현재까지 수많은 스타들이 탄생했는데, 왜 유독 임영웅은 대한민국에 신드롬을 일으킬 정도로 사람들이 좋아하는 걸까요?"

"제가 바라본 임영웅 님은 처음과 끝이 참 똑같아요. 그게 제 마음을 많이 끌어당겼다고 생각해요. 전국에 또 해외에 있는 영웅시대들이 우리 영웅님을 좋아하는 이유 중 하나가 처음과 끝이 너무 똑같고 한결같다. 그리고 이런 순수함이 우리들의 마음을 사로잡고 있지 않나 싶어요."

기자라는 직업의 특성상 연예계의 이면을 많이 접하게 되는데, 그런 가운데 만난 순수한 이 남자 '임영웅'의 한결같은 모습에 반했다는 것입니다. 마음이 가는 곳에 돈과 시간을 투자하게 마련입니다. 기자이자 가정주부인 장지우 기자는 내돈내산으로 올콘을 하고 있는 중입니다.

"콘서트에 다녀오면 현장에서 느낀 행복한 기운과 에너지를 고스란히 마음에 담아서 기사에 옮겨 쓸 수 있어요. 물론 감성 한 스푼도 빠뜨릴 수 없죠."

따뜻한 말 한마디의
기적

10여 년 전에 한 방송사에서 인기리에 방영되었던 〈따뜻한 말 한마디〉라는 드라마를 재밌게 봤던 기억이 있습니다. 제목과는 다르게 '불륜'을 소재로 한 드라마였는데요.

젊은 시절에 열렬히 사랑했고, 행복한 미래를 함께 하기 위해 결혼한 두 부부가 현실에 지쳐가고 서로에 대한 사랑이 식어가면서 (물론 그렇다고 불륜은 절대 안 될 말이지만요.) 다른 사람을 향해 눈을 돌리고 마음을 열면서 갈등이 일어나는 스토리였는데요.

이 드라마에서 기억에 남는 대사가 있었습니다.

바로 바람을 피운 아내가 남편에게 이렇게 말합니다.
'당신의 따뜻한 말 한 마디였으면 됐다고.'
작가가 드라마 제목을 '따뜻한 말 한 마디'라고 지은 이유가
이 대사에 모두 함축돼 있었습니다.

우리는 수많은 관계 속에서 살아갑니다.
나라는 사람은 누군가의 딸이고 아들이고 또 아내이고 남편
이고, 며느리이고 사위이고, 친구이고, 직장 상사, 후배이고….
관계에 따라서 '나라는 사람은 물처럼 어떤 그릇에 담겨지냐'
에 따라 역학적으로 변합니다. 그리고 그 세상이라는 그릇에 담
겨서 이리저리 흔들리고, 여기저기 모가 나고 상처를 입습니다.

그럴 때 나에게 진정으로 '따뜻한 말 한 마디'를 건네주는 사
람이 여러분 곁에는 몇 명이나 있을까요?
단 한 사람만 있어도 여러분은 성공한 인생입니다.
생각해보면 가장 가까운 사람인 남편에게, 아내에게, 가족에
게 가장 듣고 싶은 말이지만 가장 듣기 어려운 말이 따뜻한 말
한 마디가 아닐까 싶습니다.

'가족끼리 쑥스럽게 그런 말을 뭐 하러 해.'

'말 안 해도 다 알지 않나' 혹은 '나도 힘든데 누굴 위로해.'

서로에게 듣고 싶은 말을 결국은 내뱉지 못하고 안으로 삼킨 채 내 상처는 내가 오롯이 안고 살아갑니다.

'열길 속은 알아도 사람 속은 모른다'라는 우리 속담이 있습니다. 그만큼 사람은 아무리 가까운 사이라도 그 속을 헤아리기가 어렵다는 뜻이죠. 사람의 속을 그나마 알 수 있는 게 바로 그 사람의 '말'이 아닐까 싶습니다.

물론 때로는 말로 사람을 속이고 자신을 과대 포장하기도 하죠. 하지만 그런 말은 삶의 연륜이 있는 중장년 세대들에게는 금방 들키게 마련입니다. 거짓된 말과 진실된 말을 가려낼 수 있는 보이지 않는 진실의 귀를 가지고 있으니까요.

〈내일은 미스터트롯〉 우승 이후 임영웅이 어머니와 차 안에서 이런 대화를 나눕니다.

"오롯이 우리 것이 아니라 생각하고, 돌려드린다는 생각으로 감사하게 살아야지."라는 짧은 대화에서 임영웅의 어머니가 아들을 어떻게 키웠는지, 임영웅이 어떤 사람으로 자랐는지 알 수 있었습니다. 그리고 평상시에 팬들에게 하는 살가운 말, 따뜻한 말 한 마디가 결코 하루아침에 만들어진 습관이 아니라는 걸 알 수 있었습니다.

임영웅은 팬 한 명 한 명에게 감사와 사랑을 담은 '따뜻한 말 한 마디'를 건넵니다. 그리고 '따뜻한 말 한 마디'를 넘어 그의 노래를 듣고 있으면 상처받은 마음이 아물고 새 살이 돋아나는 신기한 경험을 했다고 마치 간증하듯이 수많은 팬들이 쉴 새 없이 털어놓습니다.

한자야 놀자(여/50대)

왜 사랑하게 됐는지에 대한 원초적인 이유는 없어요. 저는 임영웅 님이 '미운 사랑'을 부르는 걸 유튜브에서 봤는데요.

젊은 사람이 '어떻게 저렇게 노래에 깊이가 있을까' 생각하면서 들었는데 저도 모르게 눈물이 나더라고요. 제가 그때 왜 울었는지 잘 모르겠는데, 영상을 보고 또 보고 하니까 울었던 이유를 알 것 같더라고요.

그동안 제 감정을 너무나 많이 숨기고 살았던 것 같아요.

그런데 임영웅 님이 노래를 부르면서 '이제껏 숨기고 산 감정을 나는 다 이해할 수 있어요. 이제부터 다 표출하고 사세요'라고 저에게 얘기하는 것 같았어요.

그동안 남편, 딸, 그리고 어머니를 위해서 열심히 살았는데 제가 없는 삶을 살아왔거든요. 너무 힘들 때마다 그냥 우는 것으로 스트레스를 풀었는데….

임영웅 님의 노래를 들으면서 울 때는 그 느낌이 달랐어요. 차원이 다르다고 할까요? 저를 토닥이듯 위로해주는 것 같아서 하염없이 눈물이 났어요.

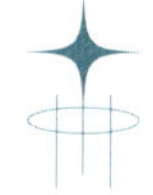

별빛나윤 (여/60대)

'보랏빛 엽서'를 듣고 얼마나 울었는지 몰라요. 그 첫사랑 있잖아요. 그 붙잡을 수 없다는 그 부분이…, 40년도 더 됐는데 그때 감정이 막 살아나더라고요. 남편하고 1년도 못 돼서 이제 살림이… (인터뷰로 다 말할 수는 없는 그런 아픔이 있었어요.)

그런데 그 노래를 듣는 순간 40년 전 딱 그때로 돌아간 거예요.

그동안 다 잊었다고 생각했는데 나도 모르는 마음속 깊은 곳에 쌓여 있었나 봐요. 40년 세월이 지났으니까 당연히 해소됐을 거라고 생각했는데 그대로 있었던 거예요.

남편에 대한 미움도 없다고 했는데… 남아 있었던 거예요.

임영웅 님이 부르는 '나쁜 남자' 하고 '가시리' 같은 노래를 들으면서 카타르시스가 느껴지더라고요. 남편에 대한 미운 마음이 한이 서려 있었는데 수십 년간 묵은 한이 사라지는 것 같았어요. 그동안 나를 이렇게 행복하게 해준 사람은 한 명도 없었던 것 같아요.

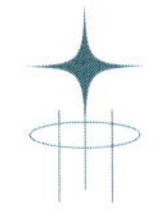

INTERVIEW

외동(여/60대)

살면서 우리 나이쯤 되면 상처받은 것도 많고 그렇잖아요. 저는 항상 내 심장이 너무 딱딱해졌다 그런 느낌을 받았는데요.

임영웅 노래를 들으면서 심장이 마사지 받은 것 같아요. 심장이 말랑말랑해지는 것 같아요. 메마른 감정이 살아난다고 표현해야 할까요. 아니면 감성이 살아난다고 해야 할까요.

〈앵커리의 똑TV〉 시작,
피켓팅을 뚫어라!

2022년 3월 어느 날, 〈앵커리의 똑TV〉 구독자이자 지인인 30대 초반의 여성 한 분이 자신의 고충을 심각하게 토로했습니다.

"저희 어머니가 5월에 임영웅 씨가 콘서트를 하는데 꼭 가고 싶다면서 티켓을 구해달라는 거예요. 그동안 어머니가 가수가 좋다고 콘서트에 가겠다고 한 적이 단 한 번도 없거든요. 그런데 무조건 가야 된다고 하시니까 어떻게든 티켓팅이 돼야 하는데…, 요즘 임영웅 가수 티켓 구하기가 하늘에 별따기라서 걱정이에요. 유튜브랑 인터넷에 뒤져봐도 뾰족한 방법이 안 나오더라고요."

그래서 〈앵커리의 뚝TV〉 제작진은 아는 PD이자 아이돌 덕후인 두부(예명) 씨에게 SOS를 쳤습니다. 아이돌 덕후들에게 콘서트 티켓팅은 일명 피켓팅(피 튀기는 티켓팅)일 정도로 일생일대의 전투라고 하더라고요.

그런데 두부 씨 예상에는 '임영웅 가수가 〈내일은 미스터트롯〉 진이 된 이후에 코로나로 인해 콘서트를 한동안 하지 못했기 때문에 수많은 팬들이 콘서트에 목말라 있을 것이다. 그래서 역대급 피켓팅이 예상된다'면서 10년 차 아이돌 덕후다운 티켓팅 노하우를 한 보따리 풀어놓았습니다.

그로부터 이틀 뒤 4월 7일 결전의 날이 왔습니다.

아이돌 10년 차 덕후인 두부 씨 예상대로 그야말로 피켓팅, 전쟁이었습니다. 8시 예매 시작 1시간 전부터 노트북과 PC, 스마트폰을 동원하고, 송대표, 김피디, 앵커리, 20대 PD가 한 자리에 모였습니다.

임영웅 전국 콘서트
티켓팅 특급 노하우

아이돌 덕후인 두부 씨에게 전수 받은 대로 네이비즘을 켜고 스마트폰은 와이파이를 끄고 데이터로 바꿔놓고, 미리 티켓팅 연습도 하면서 만반의 준비를 갖추고 대기했습니다.

그리고 대망의 8시가 되기 5초 전, 4초 전, 3초 전, 2초 전, 1초 전 '아니 무슨 수능시험 볼 때보다 더 떨리냐고요.' 그렇게 젖 먹던 힘까지 써가며 최대한 날렵하게 손을 놀려보았지만, 아예 예매 창으로 들어가지도 못하고 예매 대기중이라는 메시지를 하염없이 보면서 다들 허탈해졌습니다.

그러다가 갑자기 포도알(남아 있는 좌석을 이르는 은어)이 떠서 기대감을 갖고 클릭을 하면 이선좌(이미 선택된 좌석의 줄임말)라고 뜨는 것이었습니다. 그렇게 거의 반포기 상태일 때, 20대 PD의 노트북에 갑자기 포도알이 뜬 창이 열리더니 순식간에 VIP석 예매에 성공했습니다. 그때의 기쁨은 이루 말할 수 없었습니다. 다들 이 느낌 아시죠?

그런데 임영웅 아티스트 콘서트 티켓팅은 갈수록 어려워

지고 있으니 콘서트를 기다리면서도 한편으로는 걱정도 앞섭니다.

2022년 임영웅 단독 전국 콘서트 'IM HERO'의 서막을 연 고양 킨텍스 티켓팅은 오픈되자마자 순식간에 전석 전회 매진되는 놀라운 기록을 세웠습니다.

2022년 임영웅 단독 전국 콘서트 'IM HERO'는 고양을 시작으로, 창원, 광주, 대전, 인천, 대구에 이어 서울 앙코르까지 7개 도시에서 101일간 콘서트를 진행했는데요. 콘서트마다 그야말로 피켓팅이었고 최대 트래픽 수치는 갈수록 올라갔습니다. 당시에 임영웅은 서울 콘서트에서 이런 말을 하기도 했습니다.

"화사한 봄에 콘서트를 시작해서 101일간 콘서트를 했다. 여러분 진심으로 감사하다"며 "콘서트 티켓팅을 저도 해봤는데 제가 할 때는 61만이었는데 최고치가 81만 트래픽을 기록해서 대기시간이 153시간이 넘어갔다고 하더라. 이러다가 정말 호남평야에서 하게 되는 거 아닌가 싶다."

호남평야는 2022 콘서트 티켓팅 당시 한 팬이 티켓팅의 어려움을 호소하며 "임영웅, 어디 호남평야 같은 데서 콘서트해…."라고 온라인에 글을 올렸고, 임영웅은 자신의 SNS에 "오호 꿀팁 감사용ㅋㅋㅋㅋ"이라며 이를 캡처한 사진을 올려 화제가 되었습니다.

이때부터 임영웅의 팬들은 그에게 더 많은 팬들이 콘서트를 관람할 수 있게 해달라는 협박 아닌 협박으로 '호남평야'에서 콘서트를 하라는 말을 하기 시작한 것입니다.

'임영웅 주제 파악 좀 해'라는 말도 이와 비슷한 맥락인데요. 임영웅 콘서트를 보고 싶은 사람들이 갈수록 많아지다 보니 더 넓은 콘서트 장에서 콘서트를 해야 한다는 의미를 지닌 반어법이라고 할 수 있습니다.

문제는 앞서 이야기한 것처럼 이제는 상암벌도 좁은 아티스트가 되어버렸다는 겁니다.

임영웅은 지난 5월 26일 상암콘서트를 성황리에 마친 직후, 인스타그램 라이브 방송을 통해 팬들과 소통을 했는데요. 콘서트에 가지 못해 아쉬움을 전하는 팬들에게 다음과 같은 멘트로 마음을 달래주었습니다.

"오늘 오신 분들은 엄청 즐거우셨을 거고, 못 오신 분들은 아쉬웠을 거다. 언젠가 다시 만나서 콘서트하는 그날까지. 꼭 모든 분들을 모시고 싶다."

그러자 한 팬이 댓글로 "콘서트를 호남평야에서 하자"고 제안했습니다. 임영웅은 "호남평야, 대여해주실 수 있는 분은 연락 좀 부탁드린다"고 재치 있게 답변했습니다.

그래서 〈앵커리의 똑TV〉 제작진은 이런 바람을 가져봅니다. 대한민국 가수 최초로 상설공연장이 탄생하는 그날이 오기를요.

4장

공연계의 새 역사를 쓴

임영웅 상암콘서트

거대한 헬륨기구를 탄
임영웅,
영웅시대에게
날아가다

임영웅 아티스트의 '2024 아임 히어로-더 스타디움(IM HERO-THE STADIUM)'공연이 끝난 후 각 언론에서는 앞다투어 찬사하는 기사를 연일 쏟아냈습니다.

'상암벌' 정복한 임영웅, 공연계 새 역사 쓸까?

"더 큰 꿈 향해…" 임영웅, 10만 관객 스타디움에서 날았다!

'축구 사랑 팬 사랑' 다 잡았다… 임영웅, '상암벌 왕자'된 날

"공연문화의 새 장을 열었다…" 임영웅 첫 스타디움 공연이 남긴 기록은?

임영웅의 콘서트를 직접 경험하지 못한 분들은 '도대체 어떤 콘서트였길래?'라며 궁금증을 가질 수밖에 없을 것입니다.

〈앵커리의 똑TV〉 제작진은 다행히 임영웅 아티스트의 상암 콘서트를 직관하는 행운을 누릴 수 있었는데요. 도대체 왜 그의 콘서트에 언론들이 찬사를 보내는지 글로 남기려고 보니, 과연 '그날의 감동과 가치를 표현할 수 있을까' 싶습니다.

임영웅의 상암콘서트 1일 관람객 수는 약 5만 여명!

이틀간 거의 10만 명이 그날 감동의 현장을 함께 했습니다. 안타깝게도 티켓을 구하지 못해서 일명 겉돌이로 공연장 밖에 계셨던 분들까지 합하면 10만 명이 훌쩍 넘을 것으로 추정되는 데요.

서울월드컵경기장은 가수들에게는 꿈의 무대지만, 두려움 의 무대기도 합니다. 유명 아이돌들도 하루 5만 명에 가까운 객 석을 채우는 것이 쉽지 않다고 합니다.

그런데 임영웅 아티스트는 서울월드컵경기장 안을 가득 채 운 것도 모자라서, 공연장 밖까지 가득 채웠는데요. 공연장 규 모가 커지고 관객들이 가득 찬다고 해서 성공적인 공연이라고는 할 수 없습니다. 그 규모에 걸맞는 무대 연출과 공연 구성, 무엇보다도 아티스트의 역량이 무엇보다 중요한데요.

임영웅은 그 넓은 공연장에서 어떻게 해야 관객을 만족시키는지 잘 알고 있었습니다. 임영웅 아티스트는 '2024 아임 히어로-더 스타디움(IM HERO-THE STADIUM)' 둘째 날 공연을 언론 기자들에게 공개했는데요. 이는 바로 공연에 대한 자신감이었습니다. 그의 티켓 파워가 단순히 팬덤의 열기 때문만은 아니라는 것을 기자들이 직접 눈으로 보고 경험하게 한 것이죠.

임영웅은 둘째 날 공연에서 관객을 향해 이렇게 이야기했습니다.

"1년 넘게 준비한 공연이다. 제 모든 걸 갈아넣었다. 이다음엔 뭘 해야 하나? 더 큰 공연장에서 해도 가득 찰지 모르겠다. 아, 밖에 계신 분들도 있죠? 영웅시대의 한계는 어디일지 앞으로 더 큰 꿈을 펼쳐보도록 하겠다. 어디가 됐건 여러분과 함께라면 겁나는 것 없이 신나게 즐길 수 있을 것 같다."

공연을 보지 못한 분들을 위해 공연이 어떻게 구성됐는지 간

략하게 말씀드려볼까 합니다.

임영웅 아티스트는 1집 앨범에 수록된 댄스곡인 '무지개'로 활기차게 포문을 열고 락인 '런던보이', 트로트인 '보금자리'로 흥을 돋웠습니다. 오프닝 세트리스트만 봐도 댄스, 락, 트로트로 다양한 장르를 선보인 것입니다.

임영웅은 대학에서 실용음악을 전공했는데요. 팝의 기본기에 트로트 오디션 프로그램에서 우승할 만큼 뛰어난 실력을 갖추고 있는 것은 누구나 다 아는 사실입니다.

그러나 그는 트로트라는 장르에 안주하지 않고 다양한 음악적 시도를 하고 있고, 이를 '2024 아임 히어로-더 스타디움(IM HERO-THE STADIUM)'에서 종합선물세트처럼 관객들에게 선사했습니다. EDM 버전의 'HERO', 'Do or Die', 올해 5월에 발표한 더블 싱글에 수록된 'Home'은 예측할 수 없는 그의 다양한 도전을 엿볼 수 있습니다.

이전의 콘서트와는 달리 스타디움 공연에 맞춰 다양하게 편곡해 색다른 즐거움을 주었습니다. 1년간 자신을 갈아 넣어서 콘서트를 만들었다는 그의 말이 헛되지 않음을 보여준 공연이 었습니다.

첫 번째 세트리스트를 마친 임영웅은 〈내일은 미스터트롯〉 진이 되기 전, 무명 시절에 발표했던 트로트 곡들을 연달아 선 보였습니다. '계단 말고 엘리베이터'를 발라드풍으로 잔잔하게 시작해서 트로트로, '소나기'는 댄서들과 함께 흥겨움으로, '따 라따라'는 와인 잔을 들고 무대를 돌며 관객들을 만났습니다. 무명 시절부터 자신을 지켜준 팬들에 대한 고마움, 그리고 초심 을 상기시키는 무대였다고 할 수 있습니다.

임영웅의 상암콘서트에서 무엇보다 인상 깊었던 부분은 바 로 관객을 향한 임영웅의 '애정'과 '정성'이었습니다. 관객들이 자신을 조금이라도 더 가까이 보게 하려고 메인 무대와 그라운 드 중앙 무대, 그라운드와 객석 경계 지점에 설치한 3개의 보조 무대까지 하나로 연결된 '5면 입체 무대'를 설치했습니다. 서울 월드컵경기장 메인 전광판 4배 크기의 거대한 메인 스크린과 2 개의 사이드 스크린, 시야제한석에도 스크린을 설치했고, 중앙 무대를 비롯해 경기장 중간마다 천장에 임시 설치된 총 10여 개의 초대형 스피커로 훌륭한 음향을 만들어냈습니다.

그라운드 외곽을 삥 둘러 설치한 360도 무대는 동선이 너무 길어서 아티스트가 정말 진이 빠질 수 있는 상황이었습니다. 하지만 그는 그 큰 무대를 걷고 뛰고 춤추며 지치지 않는 에너지로 상암벌을 가득 채웠습니다.

시야제한석도 화제가 됐습니다. 앵커리는 첫날 시야제한석에서 공연을 관람했지만 불편함을 전혀 못 느꼈습니다. 시야제한석에 대한 팬들의 다양한 칭찬이 X(구 트위터)에 쏟아졌습니다. 상황보다는 대처가 더 중요하다는 사실을 보여주는 모범적인 사례였습니다.

무엇보다 공연의 하이라이트는 바로 임영웅 아티스트가 관객들 가까이로 가기 위해서 헬륨기구를 타고 공연장 전체를 날아다닌 순간이었습니다. 콘서트장에서 뒤쪽에 앉아 있는 팬들에게 얼굴을 보여주기 위해 공연장을 돌아주던 사람. 그런데 서울월드컵경기장에서는 팬에게 다가갈 방법이 없었습니다. 그래서 고안해낸 것이 헬륨기구. 일본 열기구 전문 업체가 참여해 헬륨가스로 기구를 두둥 띄웠습니다.

"절대 일어나시면 안 된다. 바닥이 미끄러울 수 있다."

제가 여러분께 가까이 다가가겠다.”

헬륨기구를 타고 3층 관객석 눈높이까지 올라가 공연장을 한 바퀴 돌면서 '사랑은 늘 도망가' '사랑역' '사랑해 진짜' 달달한 사랑 3부작을 연달아 불렀습니다. 노래 제목은 '사랑은 늘 도망가'였지만 도망가지 않고 늘 다가오는 사람은 '임영웅'이었습니다.

서로를 눈과 마음에 담으려는 임영웅과 팬들의 열정은 공연장을 뜨겁게 달궜습니다. 헬륨기구에 탄 임영웅을 보며 그를 향한 팬들의 사랑은 더욱 부풀어 오를 수밖에 없었습니다.

임영웅이 기구에서 내려오자 관객들은 일제히 '임영웅'을 외쳤고, 이에 임영웅은 "다리가 좀 후들거린다"고 너스레를 떤 뒤 "기구가 안전하게 잘 만들어져 있어서 가까이서 소통할 수 있었다. 그런데 없던 고소공포증도 생긴다. 쉽지 않다. 놀란 가슴을 진정시킬 노래를 부르겠다"며 '바램' 무대를 이어갔습니다.

이렇게 노래 실력은 기본이고 팬들을 위한 임영웅 아티스트의 열정이 듬뿍 들어간 콘서트는 정말 돈이 아깝지 않았습니다.

사람들은 '왜 올콘(아티스트의 공연을 매회 관람하는)을 하느냐'
고 묻습니다. 그 이유는 콘서트 때마다 다양한 레퍼토리와 세트
리스트로 매번 다른 무대를 선사하기 때문입니다.

철저한 준비와 변주를 위한 창의력 없이는 불가능한 일입니
다. 임영웅 아티스트의 팬들은 이런 다양한 무대를 맛보면서 문
화적 확장을 경험하고, 새로운 즐거움에 빠지게 됩니다.

'2024 아임 히어로-더 스타디움(IM HERO-THE STADIUM)'
대미의 엔딩은 우주에서 히어로 임영웅이 부치는 편지로 마무
리되었습니다. 이 편지를 통해 지금의 자신을 만들어준 영웅시
대에 대한 감사와 안주하지 않고 더 큰 꿈을 꾸겠다는 메시지
를 전했습니다.

임영웅은 '2024 아임 히어로-더 스타디움(IM HERO-THE
STADIUM)'을 통해 무명의 트로트 가수에서 명실상부 대한민
국에서 가장 매력적인 뮤지션이자 아티스트로 거듭났습니다.

임영웅
'신흥 콘서트 맛집'

임영웅 아티스트의 팬 사랑은 유명합니다. 2022년 콘서트 당시에는 오랜 시간 콘서트를 관람하는 관객들이 엉덩이가 아플까 봐 방석을 선물하고, 수많은 스태프들을 배치해서 안전하게 좌석까지 안내해준다는 사실이 알려지면서, 아이돌 팬들 사이에서는 '놀랍다'는 반응도 나왔습니다.

이렇게 방석부터 팬들을 위한 공연장 기획은 임영웅 아티스트의 의견이 적극적으로 반영되는 것으로 알려졌습니다. 2024년 'IM HERO-THE STADIUM' 공연에 앞서 소속사 물고기 뮤직은 "휴식 공간, MD 착용 후 구매 안내, 간이 화장실, 여러 이

벤트 부스 등 이전에 제공하던 것은 유지하면서 더 업그레이드
된 모습으로 팬들을 찾아갈 계획"이라고 밝혔는데요. 실제로
상암콘서트에서는 한층 업그레이드된 서비스를 목격할 수 있
었습니다.

2023년 콘서트 당시에는 '히어로 스테이션'이 화제였습니
다. 콘서트를 보러 온 관객들이 기다리는 동안에 편하게 시간을
보낼 수 있도록 배려한 히어로 스테이션! 임영웅의 IM HERO
TOUR 2023 콘서트는 10월 말부터 겨울까지 이어졌는데요.

겨울에는 추운 날씨를 감안해 난로와 푹신한 소파까지 놓여
져 있었습니다. 팬들의 휴식 공간인 '히어로 스테이션' 공간 대
여에만 하루에 수천 만 원이 넘는 비용을 감당한 임영웅 아티
스트를 두고, 일부 아이돌 팬들로부터 나도 '영웅시대'가 되고
싶다는 찬사를 듣기도 했습니다.

이번 상암월드컵 콘서트에서 선보인 '히어로 스테이션'은 더
운 날씨에 맞춰 '히어로 스테이션 쿨링 존'으로 바뀌었습니다.
〈앵커리의 뚝TV〉 제작진도 뜨거운 태양을 피해서 그 안으로
들어가 봤는데요. 안에는 대형 선풍기와 에어컨이 설치돼 있고,

푹신한 의자가 마련되어 더위를 피하기에 전혀 손색이 없었습
니다.

이번 '2024 아임 히어로-더 스타디움(IM HERO-THE STADIUM)'
에서는 특별히 설치된 '히어로 피크닉 존'도 굉장히 인상적이
었습니다. 대한민국 아니 전 세계적으로 이런 피크닉 존이 있는
콘서트장이 있을까요? 아마도 유일하지 않을까 싶습니다.

공연장 서쪽 게이트 맞은편에 마련된 피크닉 존은 길게 자란
나무들 아래에 넓게 자리 잡고 있었는데요. 위에는 하늘색과 노
란색 천을 드리워 해를 가려주었습니다. 그 아래에서 각자 집에
서 싸온 각종 음식들을 펼쳐놓고 먹고 있는 팬들! 마치 소풍 나
온 듯 모두 행복한 모습이었습니다.

그뿐 아니라 넓은 공연장에서 헤매지 않도록 동서남쪽 게이
트마다 티켓의 색깔을 다르게 해서 자신의 티켓과 같은 색의
선만 따라가면 공연장 안으로 들어갈 수 있도록 배려했습니다.
또한 게이트에 도착하면 안내 요원들이 친절히 좌석까지 안내
해주었습니다.

〈앵커리의 똑TV〉로 한 구독자가 제보를 보냈는데요.

다리에 장애가 있는 이 분은 양발에 보조기를 착용하고 목발을 짚은 상태에서 공연장을 방문했는데 서울월드컵경기장은 계단이 높고 가파르기 때문에 좌석까지 혼자 힘으로 가는 것이 무척 힘든 상황이었다고 합니다. 곤란해 하는 그분을 본 안내요원이 다가와서 '무엇을 도와드릴지' 물었습니다. 그래서 좌석까지 올라갈 수 있도록 도와달라고 부탁하자, 건장한 두 명의 남성 스태프가 양쪽 어깨를 부축해주었고 그 덕분에 한 발 한 발 걸음을 옮기기 시작했습니다. 그러자 한 스태프가 "혹시 제가 업어드려도 될까요?"라고 조심스럽게 물었고, 그분 양발에 보조기가 달려 있어서 업는 것 자체가 어려운 상황이라 망설이기도 했지만, 상황이 상황인지라 부탁할 수밖에 없었다고 합니다.

한 스태프는 그분을 업고, 또 다른 스태프는 그분의 짐을 들고 좌석까지 무사히 안내해줬는데요. 땀을 삘삘 흘리며 애쓴 스태프들에게 경황이 없어서 '고맙다'는 말 한 마디 전하지 못한 것이 미안하고 후회돼서 자기 대신 '미안하고 고맙다'는 인사를 전해달라는 사연이었습니다.

〈앵커리의 똑TV〉는 그날 밤 실시간 라이브 방송에서 구독자의 사연과 그분의 마음을 대신 전해드렸습니다. 그 스태프 분들이 저희 방송을 보셨으면 하는 마음이 간절했는데요. 보셨는지 모르겠네요. 그런데 저희 구독자와 비슷한 사연이 옛 트위터인 X에 소개되어 화제가 됐습니다.

첫째 날 공연에서 한 스태프가 거동이 불편한 어르신 팬을 업고 계단을 올라 좌석까지 안내한 모습이 SNS 및 온라인 커뮤니티에서 화제가 된 것인데요. 이 소문을 들은 임영웅 아티스트는 둘째 날인 26일 공연 말미에 "연로하신 어르신을 업고 올라가신 진행요원이 한 분 계시다. 어딘가에 계신데, 그분이 진정한 히어로시다"라며 해당 진행요원에게 직접 고마움을 표했습니다.

공연장 내부에서도 곳곳에 자리한 안내 스태프들은 관객과 얼굴을 마주칠 때마다 살뜰하게 인사를 하고, 에스코트 필요 여부를 물으며 불편함을 최소화하기 위해 노력했습니다. 공연은 밤이 되어서야 끝났는데, 지하철역까지 스태프들이 안내봉을 흔들며 길 안내를 하는가 하면 "빗길을 주의해달라" "넘어지지 않게 앞을 잘 살펴달라"며 안전에 신경 쓰는 모습으로 타 콘서트에서는 쉽게 볼 수 없었던 가족 같은 광경을 연출하기도 했습니다.

사전 MC들은 무대 위에서 "공연장 내 경사가 심하니 주의해 달라"며 "의무실이 곳곳에 있으니, 비상시에 이용하라"고 거듭 해서 안내했습니다. 그 배웅 인사가 고마웠다는 팬들도 많았습 니다.

그런데 왜 유독 임영웅 콘서트에서는 스태프들의 미담이 터 지는 걸까요? 그 비밀은 바로 '친절 교육'입니다. 스태프들의 증언에 의하면 임영웅 콘서트만의 특별한 교육을 받는다고 합 니다.

임영웅 소속사 물고기컴퍼니 측 관계자가 밝힌 바에 따르면, "이번 공연을 위해 뽑은 스태프들에게 매뉴얼을 주고 교육하는 시간이 있었다"라며 "자리 에스코트는 물론, 친절한 응대를 강 조했다"고 설명하기도 했습니다.

그런데 교육을 받는다고 그렇게 할 수 있을까요?
교육뿐만 아니라 임영웅 콘서트는 스태프들이 친절하기로 유명한 상황이라, 본인들도 꼭 친절해야 할 것 같은 마음이 저절로 든다고 합니다. 바로 임영웅 콘서트의 선한 생태계가 구축된 상황이라고 볼 수 있는 거죠.

이렇게 스태프들이 관객들을 챙길 줄 아는 건 임영웅 아티스트가 팬들을 살뜰히 챙기기 때문입니다. '자식을 보면 부모가 보인다'는 말이 있듯이 방송계에서는 '매니저를 보면 스타의 인성을 안다'는 말을 하는데요. 경험에 의하면 스타의 인성이 바르면 매니저의 인성도 바르더라고요.

임영웅 아티스트는 이번 상암콘서트 때 비가 올 것을 몇 개월 전부터 대비해서 관람객들을 위한 선물로 '방석' 대신 '우비'를 준비했습니다. 그리고 우비를 제작하기 위해 각고의 노력을 했다고 합니다. 우비에는 지퍼가 달려 있고 똑딱이 단추에, 손끝에는 비가 스며들지 않게 밴딩 처리가 되어 있었습니다. 임영웅 아티스트가 준비한 우비 선물에는 그의 정성과 배려가 한껏 담겨 있었습니다.

온라인에서도 우비 칭찬 세례가 이어졌습니다. 공연 수익보다는 팬들의 편익을 먼저 생각하는 임영웅 아티스트의 마음과 실천에 옮기는 세심함은 좋은 선례로 남아 있습니다.

'아낄 만큼 아꼈습니다' 멀쩡하게 되돌린 잔디

임영웅 소속사인 물고기뮤직이 '2024 아임 히어로-더 스타디움 (IM HERO-THE STADIUM)'의 좌석 배치도를 공개하자, 공연계 는 충격에 휩싸였고, 축구계는 환호성을 질렀습니다.

왜 그랬을까요?

그라운드 위에 단 한 석의 좌석도 배치되지 않았기 때문입 니다.

공연계가 놀란 이유는 그동안 서울월드컵경기장에서 콘서 트를 했던 모든 아티스트들은 그라운드 위에도 좌석을 배치했 기 때문입니다. 물론 매뉴얼에 의한 잔디 보호는 이뤄진다고 합니다만 임영웅처럼 그라운드를 싹 비운 아티스트는 그동안 단한 명도 없었기 때문이죠.

당시 물고기뮤직은 "서울월드컵경기장의 잔디 훼손에 대해우려하는 축구 팬들과 관계자들의 의견에 귀를 기울여 잔디 훼손을 최소화하는 방향으로 기획된 것"이라고 설명했습니다. 조연상 한국프로축구연맹 사무총장은 한 언론에 이런 기고문을냈습니다.

"그동안 대형 콘서트를 치른 이후 그라운드 잔디가 훼손되어 축구팬들의 눈살을 찌푸리게 한 사례가 적지 않다. 외관상 문제보다 더 심각한 것은, 축구 경기력의 저하와 선수 부상의 위험이 크다는 것이다. 그런 와중에 지난 8일 보도된 아티스트 임영웅의 서울월드컵경기장콘서트 계획에 적극 동의하며 감사드린다.

상품의 가치는 생산라인의 품질에 좌우된다. 축구도 마찬가지다. 그라운드 잔디 상태가 좋은 경기를 만드는 핵심 요소 중 하나이다. 연중 20경기 내외 열리는 K리그 경기 외에 공연 유치로 가동률을 높여야하는 지자체의 입장도 이해는 한다. 하지만 축구장은 축구를 하는 데항상 최적화돼 있어야 한다.

이번 임영웅 측의 계획을 접하며 앞으로 향후 모든 축구장에서 이 모델이 스탠다드가 되길 바란다. 5월 서울월드컵경기장에서 열리는 아티스트 임영웅 콘서트의 성공이 축구장과 공연 무대가 상생하는 첫걸음이 되었으면 한다. 공연 기획사와 지자체에게 다시 한 번 말씀드린다. 축구장은 축구를 하기 위해 지어진 시설이다. 그 기본에 충실하면서도 얼마든지 부대사업을 할 수 있는 방법을 임영웅이 제시했다. 임영웅, 그는 축구계의 진정한 영웅이다."

한편 MBC 축구 해설위원인 서형욱은 다음과 같이 극찬을 아끼지 않았습니다.

"티켓이 없어서 못 파는 아티스트 임영웅이 잔디를 보호하기 위해 그라운드석을 포기했다는 것이 놀랍다."

임영웅은 '축진남(축구에 진심인 남자)'으로도 유명합니다. 어린 시절에 축구선수로 활동하기도 했고 지금도 시간이 날 때면 축구를 즐긴다고 하죠. 하지만 아무리 '축진남'이라고 해도 본업이 아티스트인데 이렇게까지 할 수 있을까요?

서울월드컵경기장 공연 발표 당시 축구팬들은 걱정이 많았습니다. 과거 잦은 콘서트로 잔디가 망가져 소속팀 FC서울이 경기력에 지장을 받은 적이 많았기 때문입니다. 2023년 4월 임영웅 아티스트는 FC서울 홈경기에서 시축과 공연을 했는데요. 당시 잔디 손상을 우려해 본인은 물론이고 댄서들에게도 전원 축구화를 선물해 신고 공연을 하도록 했습니다.

단순히 축구를 좋아하기 때문이 아니라 사회의 한 일원으로서 책임과 의무를 다하겠다는 임영웅의 가치관을 엿볼 수 있는 대목입니다. 그런데 잔디 보호를 위한 계획은 그라운드를 비우는 데 그치지 않았습니다.

'2024 아임 히어로-더 스타디움(IM HERO-THE STADIUM)' 타임 테이블이 공개되었을 때 눈길이 가는 순서가 있었습니다. NEW HERO CRAFT SET UP START가 콘서트 시작 2시간 전부터 실시된다는 공지였습니다. 이전 2023년 공연 당시 HERO CRAFT는 우주선 모양의 무대를 의미하는 것이었습니다. 삼각형 모양의 360도 혁신적인 무대였는데요. 이번에는 어떤 무대를 선보일까 무척이나 기대가 되었습니다. 그래서 평소보다 일찍 콘서트장 내부로 들어갔는데 낯선 광경이 펼쳐졌습니다. 아직 무대가 설치되어 있지 않았던 것이죠. 공연 2시간 전, 그제

서야 4각의 새로운 무대를 설치하고 그라운드 위에 흰 천을 깔기 시작했습니다.

무대를 그대로 두면 잔디가 썩을 수 있기 때문에 하루 공연을 마친 후 무대를 해체하고 다음 날 다시 무대를 설치하는 작업을 반복했습니다. 공연 전 무대를 완성한 후 관객들에게 보여주는 다른 공연과 달리 임영웅 아티스트는 무대를 설치하는 모습까지 여과 없이 보여주었습니다. 사전 MC를 맡았던 MC 휘에 따르면, 처음 보는 광경이었고 무대 설치마저도 'SHOW'로 기획했다는 것입니다.

'의미' 있는 선택이었을 뿐 아니라 관객들에게 새로운 작업을 목격할 수 있는 '재미'를 주었고, 이 그라운드를 미디어아트 배경으로 사용함으로써 '심미'로 승화시켰습니다. 노래만 잘하는 보컬리스트가 아니라 자신의 음악을 스스로 만드는 싱어송라이터에서 자신만의 가치관과 세계관을 갖고 있는 예술가로서의 첫발을 내딛었다고 평가할 수 있을 것 같습니다.

SNS를 통해 무대에 대한 이야기가 전해지면서 FC서울 팬들 사이에서는 상암 서울월드컵경기장을 '히어로 스타디움'으로 부르자는 말이 나올 정도였습니다. 돈이 우선시되는 사회적 분위기 속에서 '같이'의 가치를 환기시키는 신선한 경험이었습니다.

기존 대형 공연에서 볼 수 없었던 섬세하고 혁신적인 시도로 대한민국 콘서트의 기준을 바꿨다는 평가를 받았습니다. 아티스트 임영웅은 양일간의 콘서트를 마치고 이동하는 차량에서 인스타그램 라이브 방송을 했습니다. 방송에서 그는 "상암 잔디 아낄 수 있을 만큼 아꼈습니다. 손상이 없지는 않겠지만, 최대한 손상이 가지 않게 했습니다"라고 말했습니다.

심지어 콘서트 후 그라운드의 잔디 상태를 직접 체크했습니다. 임영웅은 "비가 오고 촉촉해지니 잔디가 다시 살아나는 것 같더라고요. 제가 축구화를 신고 살짝 공을 차봤는데 상태가 그렇게 나쁘지 않아요"라고 했습니다. 이어 그는 "그런데 탈모가 중간에 있더라고요. 그 부분은 관계자 여러분께서 보완해주시면 선수들에게 도움이 될 것 같습니다"라며 자신이 일부 아쉬움을 느꼈던 그라운드의 잔디 상태에 대해 상세하게 언급하기도 했습니다.

"대한축구협회 회장 가즈아!"라는 일부 팬의 반응에 "저는 자격이 없고요, 저는 축구를 즐기는 걸 좋아합니다. 한 명의 축구팬으로서 여러분처럼 지켜보고 싶어요"라고 겸손한 모습을 보여주었습니다.

이러한 임영웅의 세심한 배려 덕분에 상암벌의 그라운드 잔디는 10만 여 명이 몰리는 초대형 행사에도 불구하고 훼손이 거의 없었습니다. 축구팬들은 과연 공연이 있었던 잔디가 맞냐고 되묻기도 했습니다.

어디서 콘서트를 하든 축구팬들은 더욱 더 안심하면서 임영웅 아티스트를 응원하지 않을까요?

'제 화장실 쓰실래요?'
공연계를 뒤집어놓은
특급 서비스

팬들이 임영웅에게 무엇보다 감격하는 순간은 바로 팬 사랑을 표현할 때입니다. 악마는 디테일에 있다고 하는데 임영웅의 팬 사랑이야말로 정말 디테일이 대단합니다.

2023년 10월 잠실 KSPO돔에서 열렸던 'IM HERO TOUR 2023' 콘서트는 그야말로 팬들에게는 감동의 축제였습니다. KSPO돔 입구부터 팬들을 위한 공간들이 빼곡히 준비돼 있었습니다. 입구에는 우주선 모양의 포토존, MD 굿즈를 판매하고 있는 키오스크가 쭉 줄을 서 있고, 얼굴에 페이스페인팅을 받을 수 있는 아트 스튜디오(무료), 임영웅에게 엽서를 보내는 하늘색 스페이스맨, 그리고 긴 시간을 대기하는 팬들을 위한 '히어로 스테이션'까지….

타 콘서트는 새벽부터 바닥에 앉아서 대기한다는데…, 영웅시대와 임영웅을 보러 온 팬들은 대접받는 기분이라고 행복한 웃음을 지었습니다. '히어로 스테이션'에는 푹신한 소파와 난로까지 준비되어 있었습니다. 콘서트가 열린 첫 주에는 날씨가 포근했는데 한 주가 지나자 쌀쌀해졌습니다. 2주차 콘서트장에 도착해보니 난로가 더 늘어났습니다. 날씨가 쌀쌀해진다는 이야기를 들은 임영웅 측에서 난로를 추가로 더 준비한 것이었습니다.

콘서트가 시작되기 전에는 팬들이, 콘서트가 시작되고 나면 티켓은 없지만 겉돌이를 하러 온 팬들이 안락하게 시간을 보낼 수 있도록 공간을 마련한 것입니다.

그리고 화장실 얘기를 빼놓을 수가 없는데요. 보통 콘서트에 가거나 행사장에 가면 늘 걱정인 게 있죠. 바로 화장실이 문제입니다. 여성의 화장실 사용 시간은 남성의 2.3배라고 합니다. 그래서 더 많은 화장실이 필요한데요. 임영웅 콘서트에 가면 화장실에 대한 불안함과 초조함은 내려 놓으셔도 됩니다. 임영웅의 콘서트에는 화장실이 너무 많아서 길게 줄을 서지 않아도 여유롭게 사용할 수 있기 때문입니다.

사실 여유로운 화장실도 임영웅 아티스트의 팬 사랑과 디테일한 계획이었습니다. 2022년 대구 콘서트 당시 화장실을 가기 위해 줄을 길게 선 팬들을 본 임영웅 아티스트가 콘서트에서 농담 아닌 농담을 했습니다.

"화장실 가시려고 줄을 길게 섰던데…, 제 화장실 쓰실래요?"

팬들은 농담인 줄 알고 웃음으로 화답했습니다. 하지만 농담이 아니었던 거죠. 화장실을 가려고 줄을 선 팬들을 본 그가 화장실 문제를 개선하기 위해 팬을 줄 세우는 게 아니라 화장실을 길게 줄 세운 겁니다.

임영웅은 팬들의 사랑을 받기 위해 몸부림치는 것이 아니라 자신이 받은 사랑을 10배로 돌려준다는 약속을 묵묵히 지킵니다. 임영웅은 무명 시절부터 몸에 밴 감동적인 버릇이 있다고 하는데요. 콘서트 전에 직접 관객들의 자리에 앉아 보는 겁니다. 관객들이 앉았을 때 불편하지는 않은지 무대는 잘 보이는지를 체크하는 것이죠. 2022년 한 방송사에서 방영한 〈IM HERO 임영웅 101: 설렘으로 다시 쓰는 우리들의 이야기〉 다큐멘터리에도 콘서트장 내부를 돌아보는 장면이 등장합니다. 그리고 지난해 콘서트장에 있던 대형 전광판도 공연계 및 아이돌 팬들에게 화제가 됐습니다. 아이돌 팬들이 임영웅 콘서트의 수많은 대형 전광판을 보고 '저런 전광판 설치가 가능한 거였구나'를 알고 놀라기도 했었죠.

2023년 잠실 KSPO돔 공연 때 시야제한석에서 공연을 관람했던 한 팬 분의 이야기가 기억이 납니다. 무대를 설치하면서 시야 가림이 발생할 수 있다고 사전에 고지된 좌석이었는데요. 하지만 막상 자리에 앉아보니 예상 밖의 상황이 눈앞에 펼쳐졌다고 합니다. 시야제한석이라서 불편을 예상하고 갔지만 오히려 천정에 주렁주렁 달린 전광판이 더 잘 보였다는 겁니다. 2층은 좌석이 불편할 수 있는 자리이긴 했으나 대형 전광판이 12개나 달려 있어 360도 무대가 너무나 잘 보였다는 것입니다.

이분뿐만 아니라 시야제한석이지만 음향도 좋았고, 대형 전광판을 통해 공연을 생생하게 즐길 수 있었다는 후기들이 쏟아졌습니다.

임영웅은 어떻게 하면 단 한 사람의 팬이라도 공연을 불편하지 않게 즐길 수 있을까를 늘 염두에 두는 것으로 유명합니다. 마치 암행어사처럼 콘서트장에 몰래 가서 팬들의 동태를 살핀다고 하는데요. 대구콘서트(2023년 11월 24일~26일) 현장에서 실제로 있었던 일입니다. 콘서트가 시작되기 전에 팬들을 보고 싶은 마음에 차를 타고 콘서트장 밖으로 나온 임영웅!

그런데 창문을 열고 빼꼼히 밖을 보다가 팬들과 눈이 딱 마주치는 바람에 들통이 났습니다. 이렇게 팬들의 모습을 먼저 보러 오는 사람이 임영웅 아티스트이고, 콘서트가 끝나고 팬들이 다 나갈 때까지 커튼 뒤에서 배웅하는 사람도 바로 그였습니다.

2022년 콘서트 당시 X(예전 트위터)에서 화제가 된 사진이 있었습니다. 임영웅 아티스트가 앵콜 곡이 끝나고 커튼이 닫히고 나서도 90도 폴더 인사를 하고 있는 사진이었습니다. 그래서 콘서트에 다녀온 수많은 분들이 '내가 대접받고 있구나, 사랑받고 있구나' 하는 행복함으로 마음이 가득 차는 것이 아닐까요?

임영웅의 콘서트에서는 매번 미담 설화들이 쏟아지고 있는데요. 이런 미담들이 알려지면서 대한민국 콘서트의 기준이 달라지고 업그레이드되고 있습니다.

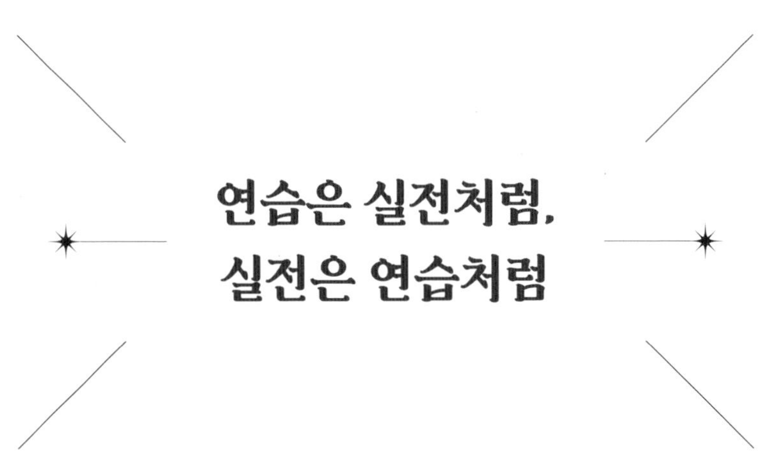

연습은 실전처럼,
실전은 연습처럼

2023년 4월 임영웅이 'FC서울 대 대구FC' 경기 시축에 나섰습니다. 시축 후 공연이 이어졌는데 스타디움 규모가 너무 커서 소리의 시차가 생겼고, 임영웅 아티스트의 목소리가 마치 메아리처럼 들렸습니다. 상암 서울월드컵경기장에서 공연한다는 소식이 들렸을 때 시축 당시 상황이 생각났습니다. '스타디움 콘서트 준비가 쉽지 않겠구나' 임영웅 아티스트는 어떻게 준비할까? 궁금했습니다.

그런데 '2024 아임 히어로-더 스타디움(IM HERO-THE STADIUM)' 콘서트가 2주 앞으로 다가온 2024년 5월 12일 일요일 오후 〈앵커리의 똑TV〉에 임영웅의 팬들로부터 메시지가 쏟아졌습니다. 임영웅 아티스트가 공연 준비를 위해 야외 연습장에서 연습을 하고 있는데 연습 시 발생하는 소음 때문에 연습장 근처에 거주하는 주민들에게 '직접' 참외를 배달했다는 소식이었습니다.

그런데 몇 시간 후 소속사에서 즉각 정정 기사를 냈습니다.
"임영웅이 참외를 보낸 것은 맞지만 배달을 직접 한 것은 아니다. 야외에서 진행되는 고음질의 음향 체크로 인해 불가피하게 소음이 발생할 수 있다. 이에 대해 사전에 주민들께 양해를 구하고 작은 선물로 참외를 전달하게 되었다."라고 밝혔습니다.

사실 기사를 그대로 두어도 아예 틀린 사실은 아니었기 때문에 휴일에 그렇게 발 빠르게 기사를 정정하지 않아도 되지 않았을까라는 생각도 들었습니다. 소음으로 불편할 주민들을 위해서 배려한 그 마음에 '직접'과 '간접'은 중요한 것 같지는 않아 보였습니다.

구독자 중 한 분이 임영웅 아티스트 연습장 인근에서 찍은 영상도 보내주었습니다. 그 영상을 보면 연습장 위치가 인적이 드문 곳이었는데요. 그런데도 혹시 소음으로 인한 피해를 우려해 참외를 전달한 것입니다. 그동안 연예계에서는 드라마, 축제, 패션쇼 등 각종 촬영 및 행사와 관련해 민원이 폭주해도 어떤 대책이나 사과 없이 넘어가는 경우도 많았는데요. 임영웅 아티스트는 소음 항의가 들어온 게 아닌데도 먼저 사과를 한 것입니다.

35년 차 강일홍 연예 대기자는 자신의 유튜브 〈강일홍의 클로즈업〉을 통해 참외 미담에 대한 놀라움을 전하기도 했습니다.

"그동안 대규모 행사나 공연이 수없이 많이 있었지만 주변에 과일을 돌렸다는 얘기를 들어본 일이 없습니다. 임영웅은 누군가 단 한 명이라도 소음 피해를 겪을 수 있다는 전제로 배려의 아이콘다운 처신을 한 것인데요. 팬들이 아낌없는 찬사와 박수를 보내는 이유가 아닐까 생각됩니다."

상암콘서트 준비 과정과 실황을 담은 영화 상영을 알리는 예고 티저가 상암콘서트 둘째 날 공개되었습니다. 이 영상에서는 상암콘서트 연습을 위해 다른 장소에서 무대를 조립하고 해체하는 모습이 담겨 있습니다. 무려 1년간 축구장, 공항 활주로 등 다양한 장소에서 공연 연습을 했다는 것을 알 수 있습니다.

'참외미담'이 보도됐을 당시 소속사 물고기뮤직은 참외를 전달한 지역 역시 서울 상암이 아닌 야외 연습실이 있는 다른 지역이라고 재차 밝혔습니다. 실외인 상암 서울월드컵경기장에서는 소음 때문에 리허설 횟수에도 제약이 있고 공연 당일도 밤 10시 이전에 마쳐야 했습니다.

다양한 무대를 준비한 임영웅 아티스트에게 리허설은 필수인데, 상암 스타디움에서 할 수가 없으니 야외 연습장을 여러 지역에 빌렸던 것입니다. 인근 주민들을 배려해 '참외'를 돌렸다는 미담도 훌륭하지만, 철저한 공연 준비에도 놀랐습니다. 야외 연습장을 한 곳도 아니고 이렇게 여러 군데를 빌려 연습하고 있었다니….

운동선수들은 '연습은 실전처럼, 실전은 연습처럼'이라고 합니다. 시간과 비용을 들여 공연을 보러 온 영웅시대를 위해 멋진 공연을 보여주고 싶은 임영웅 아티스트에게 딱 맞는 말이 아닐까요?

심희철 동아방송예술대학교 엔터테인먼트경영과 교수는 이런 리허설이 가능한 것은 '임영웅'이라는 리더가 존재하기 때문이라고 말했습니다. 다양한 의견을 가진 수많은 스태프들의 의견이 쏟아질 때 그것을 하나로 모아 결정할 리더의 존재가 필수적인데 임영웅 아티스트가 그 역할을 담당하고 있기 때문이라는 거죠.

임영웅은 주변의 도움으로 만들어진 '완성형 아티스트'가 아니라 새로운 모습을 기대하게 되는 '성장형 아티스트'라고 할 수 있습니다. 그리고 〈앵커리의 똑TV〉 구독자 중에 한 분이 이런 댓글을 남기기도 했습니다.

"참외 농사를 짓는 분이 임영웅이 보낸 참외를 보더니 특등품인 것 같대요. 마음 씀씀이가 얼마나 세밀한지 감동이에요."

'특등품' 참외라니…. 갓영웅이란 말이 이래서 나오는 것 같습니다. 평소 임영웅이 작은 것 하나도 세심하게 살피고 늘 성실하고 철두철미하게 준비하며 자신의 길을 걸어가는 그의 본질을 볼 수 있는 미담이었습니다.

5장

임영웅은 왜 대한민국 최고의 아티스트인가

수만 명 속에서도
'너만 보여'

임영웅 콘서트에는 기본적으로 수만 명의 팬들이 운집합니다. 보통 3시간 30분 동안 공연을 하는데요. 게스트 없이 혼자서 콘서트를 이끌어갑니다. 노래도 하고, 연기도 하고, 대화도 나누고, 진행도 하고….

아, 그러고 보니 게스트가 한 명 있긴 있네요. 임영광 군이라고….

임영웅의 학교 후배로 등장하는 임영광 군은 사실 임영웅의 부캐릭터입니다. 콘서트마다 임영광 군이 어떤 스토리를 가지고 등장할지도 기대 포인트인데요. 임영광 군이 군대에 입대해서 여자친구에게 차여서 울기도 하는 등 또 하나의 쏠쏠한 재미를 줍니다.

앵커리는 25년 차 베테랑 아나운서로 수많은 방송을 진행했는데요. 방송인에게도 가장 어려운 것이 바로 생방송입니다. 그런데 콘서트는 그야말로 생방송 중에서도 가장 극한의 생방송이 아닐까요?

그럼에도 불구하고 어쩌면 그렇게 물 흐르듯이 자연스럽게 수만 명의 팬들과 소통하면서 팬들을 울렸다 웃겼다 하는지…. 웬만한 MC는 저리가라입니다.

더욱 놀라운 것은 그 수많은 사람들 속에서 마치 나와 임영웅이 1:1로 대화하고 있는 것처럼 느낀다는 것입니다.

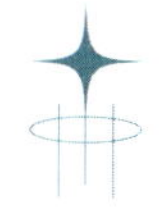

INTERVIEW

안나판교(여/60대)

저는 임영웅 아티스트가 '보랏빛 엽서'를 부르는 것을 보고 저희 부부가 처음 만나서 데이트 할 때 생각이 문득 나더라고요. 그 노래가 정말 마음을 뭉클하게 만들었어요.

임영웅 아티스트의 콘서트에 가면 관객이 수만 명이 있잖아요. 그런데 노래를 듣는 우리는 임영웅 님하고 1대 1로 소통하는 것 같아요. 정말 나한테만 얘기하는 것 같고, "그대 사랑해요~"
라고 할 때는 정말 나한테 사랑한다고 하는 것 같아요. 그런데
저 뿐만이 아니고 팬분들 얘기 들어보면 내가 느끼는 그런 감정
을 다들 느끼고 있더라고요. 감정의 교류가 일어나서 그 끈은 절
대로 끊어지지 않을 것 같아요.

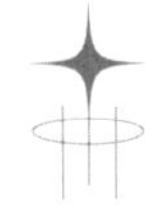
INTERVIEW
김혜경 (여/50대)

2020년도 2월부터 임영웅 아티스트를 좋아하기 시작했으니까
횟수로 5년째네요. 임영웅 노래를 듣고 있으면 일단 마음이 안
정돼요.

　처음 임영웅 아티스트가 '바램'을 부르는 걸 봤는데 너무 진
지하게 부르는 거예요. 정말 진심을 다해서 노래를 하는데… 이
상하게 나한테 불러주는 듯한 느낌을 받았어요. 그 뒤부터는 방
송을 놓치지 않고 보게 됐고, 응원하게 됐어요. 그리고 제가 힘
든 일이 있을 때 그의 노래를 들으면 힘이 나요.

　2022년 창원콘서트 때의 일입니다. 임영웅 아티스트가 '어

느 60대 노부부 이야기'를 부르던 중 눈물을 터트렸습니다. 뒤돌아 눈물을 참으려고 애쓰는데도 참기가 어려운지 노래를 제대로 이어가지 못했습니다. 끝내 노래를 다 부르지 못하고 눈물을 흘리는 아티스트를 위해 팬들이 함께 노래를 불러주었습니다.

임영웅은 왜 그때 그렇게 눈물을 흘렸을까요?

먼저 하늘나라에 가신 아버지가 생각났을까요?

후일 임영웅 아티스트가 영화 〈아임 히어로 더 파이널〉에서 그 이유를 밝혔는데요. 심장이 탁 멎는 것 같았습니다. 노래를 하면서 관객석에 앉아 있는 분과 눈이 딱 마주쳤는데 그분의 마음이 느껴져서 눈물을 흘렸다는 것입니다.

"저는 그냥 노래를 하고 있고, 그분은 저를 바라보고 계시는데 이 분과 대화하고 있는 듯한 느낌이 저도 들더라고요. 그리고 그분의 감정이 저에게도 막 전달되고 그 울컥함을 참을 수 없을 때가 정말 많거든요. 그럴 때 눈물이 좀 났던 것 같아요."

가수는 노래하면서 자신의 감정을 전달한다고만 생각했지 상대방의 감정을 느끼고 공감해주는 경우를 별로 경험한 적이 없었습니다. 많은 사람들이 임영웅 아티스트의 노래를 듣고 눈물을 흘립니다. 살면서 힘들고 어려웠던 상처들을 위로해주기 때문이기도 하겠지만 한편으로는 내 마음을 함께 느껴준다는 느낌 때문이었던 듯합니다.

임영웅 아티스트는 노래를 통해 소통하고 싶다고 밝혔습니다. 소통이란 나의 감정과 생각을 전달만 하는 것이 아니라 상대방의 감정을 느끼고 함께 울어주고 함께 기뻐해주는 것입니다. 쌍방향인 것이죠. 그렇게 하려면 무대에서 관객의 마음을 들여다보고 느낄 수 있어야 가능한 일입니다. 그래서인지 그는 노래를 하는 중에도 끊임없이 객석을 살핍니다.

무대 가까운 곳에 앉으면 임영웅 아티스트와 눈이 마주칠 기회를 갖게 되는데요. 이상하게도 팬들은 임영웅 아티스트가 자신의 눈을 바라보는 것이 아니라 마음을 들여다보는 것 같은 느낌을 갖게 된다고 합니다. 예전에 라디오를 듣고 있으면 수많은 청취자가 있지만 나하고만 이야기하는 듯한 느낌을 받는 것처럼 임영웅 아티스트는 콘서트 장에 수만 명 관객이 있어도 1대 1로 소통을 하고 있는 것입니다.

임영웅 아티스트가 봐줬으면 하는 마음에 피켓과 스케치북에 노래 가사와 전하고 싶은 말을 적어 오는 팬들이 많습니다. 공연이 진행되는 중간 중간 그 멘트를 읽어주고 재치 있게 답을 해주거나 노래를 불러주거나 리액션을 해주는 임영웅!

3시간 넘게 진행되는 공연 내내 노래하랴 춤추랴 리액션 해주랴 아티스트의 몸은 하나이기에 바쁘게 움직입니다. 강일홍 연예부 대기자가 한 방송에 출연해서 '임영웅의 단점을 꼽으라면?'이라는 질문에 '몸이 하나'라는 답을 한 적이 있는데요. 정말 몸은 하나지만 10명의 임영웅이 무대를 휘젓고 다니는 것 같습니다. 그는 공연이 끝나갈 때쯤에 관객들을 향해 이렇게 말합니다.

"제가 못 본 게(피켓) 있을까요? 다 들어봐주세요."

코로나 시기에 콘서트를 하면서 마스크를 쓰고 있어 팬들의 얼굴을 볼 수 없는 걸 임영웅 아티스트가 가장 답답해했습니다. 그래서 얼굴을 마주하고 콘서트를 할 수 있었던 2023년 콘서트를 굉장히 행복해 했는데요.

2022년 부산에서 열렸던 콘서트에서 옷을 갈아입고 나온 임영웅 아티스트가 선글라스를 쓰고 나왔는데요. 멋있어 보이려고 그랬을까요? 정답은 조명 때문에 눈이 부셔서 팬들의 얼굴이 잘 보이지 않자 선글라스를 쓰고 등장한 것입니다.

〈앵커리의 똑TV〉 구독자 분이 이런 글을 하나 보내주셨습니다.

매주 금요일이면 임영웅 팬 카페 영웅시대에 소속사 물고기뮤직에서 팬들에게 고화질의 임영웅 아티스트의 사진을 올려주었습니다. 소속사에서 올려준 2024년 1월에 열린 고양콘서트 당시 사진 중에 임영웅 아티스트가 허리를 구부려 손으로 조명을 가리고 어딘가를 응시하는 사진이 있었습니다.

그 사진은 콘서트 당시 구독자가 쓴 글을 읽으려고 손으로 조명을 가리고 한 곳을 보고 있던 찰나가 포착된 것이었습니다.

'2024 아임 히어로-더 스타디움(IM HERO-THE STADIUM)'에는 겉돌이(티켓을 구하지 못해서 공연장 주변을 겉도는)를 온 팬들이 많이 있었습니다. 그 사실을 알고 있는 임영웅 아티스트는 공연 중에 콘서트장 밖에서 겉돌이를 하고 있는 팬들을 향해

'소리 질러'를 외쳤습니다. 바깥에서 들려오는 함성에 놀라고 임영웅 아티스트가 공연장 밖에 팬들의 존재를 알고 있고 챙긴 다는 사실에 또 한 번 감동받는 순간이었습니다.

팬들의 이야기에 귀를 기울이는 평소의 사랑이 표현되어질 때 출구가 없는 그의 매력에 빠져들게 되는 것입니다. 임영웅은 훌륭한 가수이자 아티스트이면서 동시에 '이 시대의 진정한 소통가'입니다.

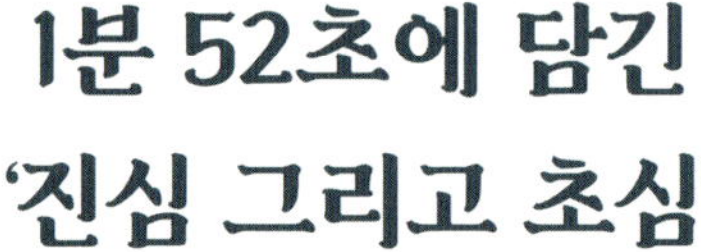

1분 52초에 담긴
'진심 그리고 초심'

2024년 4월 2일 임영웅 공식 유튜브 채널을 통해 '2024 아임 히어로-더 스타디움(IM HERO-THE STADIUM)' 티켓 오픈 티저 영상이 공개되었습니다. 임영웅 아티스트가 영웅시대에게 보내는 메시지로 임영웅 아티스트의 나레이션이 얹어진 형식이었습니다.

임영웅 〈2024 아임 히어로-더 스타디움〉
콘서트 티저

이를 본 〈앵커리의 뚝TV〉 제작진은 뒤통수를 얹어 맞은 것 같은 신선한 충격을 받았습니다.

'어떻게 저런 톤과 감성으로 내레이션을 할 수 있을까?

기술적인 실력을 떠나 사람의 마음을 움직일 수 있는 그의 목소리, 멘트 사이사이의 호흡과 미세한 떨림은 그 누구도 흉내 낼 수 없을 것입니다. 제작진은 단 1분 52초짜리의 짧은 영상에 담긴 임팩트한 임영웅 아티스트의 서사에 박수를 보냈습니다.

또한 그의 내레이션은 작가가 대신 써 줄 수 있는 내용이 아니었습니다. 게다가 자신의 초라했던 무명시절을 덤덤하게 풀어놓는 그의 초심과 결심에 다시 한 번 놀랄 수밖에 없었습니다.

흑백 영상으로 시작되는 콘서트장에 서 있는 임영웅의 얼굴과 함께 '언제나 그리운 얼굴들이 있습니다'라는 자막이 뜨고 무명 시절 한강에서 버스킹하던 임영웅, 수많은 노래교실을 뛰어다니고, 〈아침마당〉 '도전 꿈의 무대'에 나와 열창을 하던 아티스트 임영웅…. 과거의 임영웅이 노래하는 모습이 흑백 영상

속에 담겨 있었습니다.

　보통 스타들은 자신이 유명해지면 과거의 모습을 방송에 오픈하는 걸 좋아하지 않습니다. 〈앵커리의 똑TV〉 제작진은 연예인 토크쇼를 제작했던 경험이 있는데요. 당시 출연 연예인에게 과거 어린 시절과 무명시절 때 사진을 화면으로 띄우자고 제안하면 그걸 왜 다시 보여주냐고 반응하는 경우가 많았습니다.

　이렇게 많은 스타들이 과거의 자신을 드러내길 싫어하고 숨기려는 경향이 있는데…, 임영웅은 달랐습니다. 자신의 무명 시절을 너무나도 아름답게 드러내고, 그리고 그 시절 자신을 응원해준 팬들을 향해 무한한 감사를 보냈습니다.

　〈앵커리의 똑TV〉에서 티저 영상에 대한 제작진의 소감을 담은 영상을 올리자 팬들의 댓글이 쏟아졌습니다.

임영웅 상암콘서트
티저 영상
제작진 리뷰

출근길? 얼마나 떨리던지…

티저 보는 내내 울컥? 감동이었습니다.

정성을 다하는 울 아티스트 역시 최고입니다.

울 임영웅 아티스트는 어찌 그리 달달한 목소리로~

그립고, 보고 싶다는 멘트를 들으면서 떨리던 가슴이

아직도 떨리고 있어요.

기다리던 티켓팅 소식까지 와서 떨림은 계속 진행형입니다.

보고 싶습니다. 나의 영웅시대~ 멘트에

난 왜 이렇게 가슴 떨리고 울컥할까요?

서울월드컵경기장 콘서트 예매 오픈 일정을 팬 카페, 홈페이지, 인스타그램을 통해 짧게 공지해도 됐을 텐데… 굳이 공을 들여 영상으로 제작한 임영웅의 마음은 바로 초심이었습니다.

임영웅은 2019년 부산 콘서트에서 지금은 400명이지만, 5년 후에 4천 명, 10년 후에 4만 명의 관객들 앞에서 콘서트를 하겠다고 관객들에게 이야기했습니다.

그런데 그의 꿈은 빠르게 이뤄졌습니다. 임영웅은 티저 영상을 통해 그 꿈을 자신이 혼자 이룬 것이 아니라, 꿈을 이룰 수 있게 해준 팬들에 대한 고마움을 전한 것이죠.

래옹(여/40대)

노래도 잘하고, 얼굴도 잘 생겼고, 춤도 잘 추고….

하지만 제가 꾸준히 끊임없이 임영웅을 응원하고 좋아하는 이유는 초심을 잃지 않고 계속 발전하고 성장해 가는 모습을 팬들에게 보여주기 때문이에요.

그런 임영웅 아티스트를 보면 나도 게으르게 살지 말고 발전해 가는 그런 팬이 되어야겠다는 마음이 들어요.

장지우 기자(여/50대)

임영웅 님은 저에게 꿈이에요. 가장 기억에 남는 것 중에 하나가 '생생하게 꿈꾸면 이루어진다.' 이런 말씀을 하셨거든요. 저도 임영웅 님에 대해서 생생하게 상상을 하고 생각을 하고 꿈꾸는 게 있기 때문에 임영웅 님은 저한테 꿈인 것 같아요.

제가 임영웅 님으로 인해서 많은 것들을 배워왔고 또 임영웅 님은 노래를 하면서 감사함을 느끼고 또 팬 여러분을 보면서 감사함을 느낀다고 하셨는데, 저는 임영웅 님 기사를 쓰면서 제 나름대로 마음의 위로를 많이 받았어요. 또한 영웅시대 분들도 만나서 너무 좋은 인연도 많이 가져가고 또 그럼으로 인해서 저도 너무 행복했고요.

이렇게 또 설렘을 줄 수 있는 공연장을 찾으면서 너무너무 좋았어요. 또 아침에 일어나서 출근해야 되는데 그런 고단함이 하나도 없어요. 왜냐하면 저도 생생하게 꿈꿀 수 있는 그런 꿈이 있기 때문인데요. 그래서 임영웅 님은 저한테는 꿈이라고 말하고 싶어요.

1분 52초의 '2024 아임 히어로-더 스타디움(IM HERO-THE STADIUM)' 티켓 오픈 티저 영상에는 임영웅의 진심, 초심, 그리고 팬을 향한 사랑이 담백하지만 진하게 녹아 있었습니다.

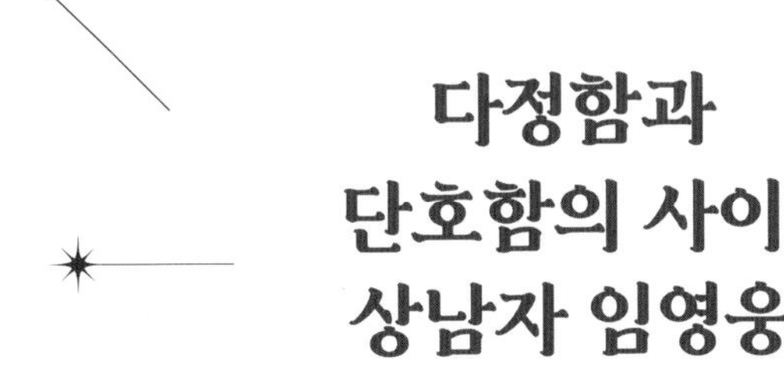

다정함과
단호함의 사이,
상남자 임영웅

임영웅은 별명 부자입니다.

임풍성(머리숱이 많아서)

지니웅(말한 대로 이뤄진다)

임다정(팬들에게 말 한 마디도 참 다정하게 해서)

그런데 보통 스타들이 팬들에게 다정한 게 당연한 게 아니냐고 반문하실지도 모르겠습니다. 하지만 방송국 밥을 수십 년 먹은 〈앵커리의 똑TV〉 제작진들이 그동안 본 스타들은 카메라 앞과 뒤가 다른 분들이 많아서 방송 제작자들은 사실 스타를

썩 좋아하지도 않고, 믿지도 않는 경우가 많습니다.

그런데 임영웅의 다정함은 조금 다릅니다. 어떤 드라마에서 이런 대사가 나옵니다.
"다정도 지능이라고….'"
물론 계획적으로 다정함을 가장한다는 게 아니라 상대방에게 어떤 다정함을 주어야 하는지를 제대로 안다는 것입니다.

임영웅 아티스트의 다정함은 팬들을 즐겁게 합니다. 콘서트의 기준을 바꿨다고 말하는 간이 화장실, 히어로 스테이션, 방석과 우비도 그의 다정함의 표현입니다. 임영웅 아티스트의 퇴근길이 빠른 이유도 다정함에 있습니다. 콘서트를 마치고 돌아가는 임영웅 아티스트를 보기 위해 줄을 서 있는 팬들이 힘들까봐 칼같이 퇴근합니다. 그러면서 늘 그렇듯 조수석에 앉아, 자신을 기다리는 팬들에게 일일이 눈맞춤을 하며 감사와 사랑을 전하는 것도 잊지 않습니다.

2023년 마지막 날 있었던 대전 콘서트가 끝나고 그가 갑자기 인스타 라이브 방송을 시작했습니다. 무대 뒤를 지나 차에 타고 다음 장소로 이동하는 동안 모습을 고스란히 보여주었습니다. 팬들이 임영웅 아티스트를 보고 도로에 내려올까봐 멀리 서도 올라가라고 손짓을 하며 팬을 챙기는 모습은 그가 천상 다정한 사람임을 알 수 있습니다.

쉽게 하지 않던 예능 출연도 특별한 이유가 있었습니다. 좀 처럼 예능에서 볼 수 없던 임영웅 아티스트가 2023년 KBS 〈마이 리틀 히어로〉와 SBS 〈미운우리새끼〉에 출연했습니다. 방송 출연을 결심한 계기는 한 팬의 아들이 보낸 메시지 때문이었는데요.

"어머니가 영웅 씨가 TV에 나오기만을 기다리셨는데…
병으로 돌아가셨어요."

그런 메시지가 한두 번이 아니었기에 방송에 나가야겠다고 생각했다고 말했습니다.

임영웅 아티스트는 첫 광고였던 KG모빌리티(옛 쌍용차) 렉스턴 광고를 찍고 그 수익 전액을 기부했습니다. 그리고 팬들의 부담을 우려해 그 이후에 고가의 상품 광고를 찍지 않겠다고 밝혔습니다. 스타가 고가 상품 광고를 거절하겠다고 선언한 것은 정말 특이한 상황입니다. 이후 음식과 헬스·뷰티 제품 등의 모델로 활동하고 있는데요.

그는 2024년 하나은행과 정관장 등 광고 계약을 하면서도 팬들을 위한 조건을 내걸었습니다. 임영웅 브로마이드와 포토 카드를 받으러 오는 고객들에게 무리한 상품 강요를 하지 말아 달라는 것이었습니다. 정관장 광고 계약 때도 상품 구매 금액과 상관없이 사은품을 주도록 광고주에게 요청했다고 합니다.

팬들이 마주할 수 있는 상황을 충분히 고려해서 디테일한 계약 조건을 제시했던 그입니다. 사람이 돈과 시간을 쓰는 곳에 마음이 있다고 합니다. 임영웅 아티스트가 돈과 시간을 가장 많이 쓰는 곳은 바로 '영웅시대'입니다.

또 하나 임영웅의 매력 중 하나가 '반모'입니다. 반말모드의 준말인데요. 공연을 보러 오신 분들에게 임영웅 아티스트는 본인을 아들이자 손자라고 생각하시라며 젊게 살고 싶은 분은 오빠라고 부르라고 합니다. 콘서트 장에 온 남성 팬들에게도 '오빠'를 외치게 해 웃음바다로 만들기도 하죠. '오빠'라고 더 이상 부를 수 없는 팬들에게 인생의 봄을 잠시나마 되돌려주는 순간인데요. 임영웅 씨의 '오빠' 모드는 여러 쓰임새가 있습니다.

콘서트 때에도 많은 팬들이 동시에 이야기를 하는 순간 더 이상 진행이 안 된다고 느껴질 때 장내를 정리하는 한 마디.

"애들아, 조용히 해봐. 오빠가 얘기하잖니."

마냥 다정하기만 하지는 않습니다. 팬들은 그를 '대장'이라고 부릅니다. 팬들을 잘 이끌어가고 있다는 뜻입니다. 팬덤이 커질수록 그 무게를 지고 있는 임영웅의 행동은 조심스러울 수밖에 없습니다. 그러나 사랑 가득 히어로가 리더십을 발휘하는 순간들이 있습니다.

지난 2023 고양콘서트 직관할 때, 임영웅 아티스트가 콘서트 중간에 이런 얘기를 한 적이 있습니다.

"화장을 목 아래까지 안 했다고 저희 스태프에게 뭐라고 하셨다는 얘기를 들었다. 그래서 오늘은 목 아래까지 메이크업을 했다…. 스태프에게 너무 뭐라고 하지 마셔라~."

이런 일도 있었습니다. 임영웅 아티스트가 콘서트 실황을 담

은 영화 〈아임 히어로 더 파이널〉 개봉 무대인사를 마치고 나와
서 자신을 만나지 못한 팬들을 향해 전하는 메시지가 있었습니다.

"너무 질투하지 마시고 여러분 너무 질투하시면 저는 아무것도
못합니다. 아름다운 마음으로 기다리고 계시면 언젠가 못 보신
분들도 우연히 마주칠 날이 오지 않겠습니까?"

다정함 속에서도 '그러지 마시라'는 말도 건넬 줄 아는 사람
입니다. 임영웅 아티스트는 본인이 공연의 전 과정을 끌어가는
사람입니다.

〈앵커리의 뚝TV〉와 인터뷰했던 심희철 동아방송예술대 교
수는 공연을 보기 전에는 좋은 사람들이 곁에 있어서 좋은 공
연들을 만들고 있다고 생각했다는데요. 직접 공연을 보고 나니
임영웅 아티스트가 전 과정을 진두지휘하고 있다는 것을 알 수
있었다고 했습니다.

다양한 의견이 쏟아져 나올 때 결정하고 책임지는 사람이 없
으면 하나도 꿰어질 수 없는 것이라고. 상암에서는 리허설 횟수
를 최소한으로 줄이고 따로 야외공연장을 빌려서 리허설을 이
끌어간다는 결정들은 아티스트가 하지 않으면 수많은 관계사

들의 이해관계 속에서 누구도 결정하기 어려운 일이기 때문입니다. 그라운드에 관객석을 놓지 않겠다고 결정하는 순간 입게 되는 매출 타격을 함께 일하고 있는 회사들에게 납득시키지 않으면 끌어낼 수 없는 결과물인 것도 마찬가지입니다.

그리고 수없는 프로그램 섭외에도 꿋꿋이 공연과 음악에만 집중하며 뚜벅뚜벅 걸어올 수 있었던 것도 그의 뚝심과 리더십이 있었기에 가능한 일입니다. 다정하고 자상하지만 굉장히 단호한 면까지 있어서 임영웅 아티스트가 좋다는 팬들도 많습니다.

청화(여/40대)

임영웅의 매력은 자상함 속에 단호함이에요.

왜냐하면 사람이 자상하다고 해서 한없이 착하기만 하다고 해서 막 아무거나 해주고 우유부단한 게 아니라 정말 자기가 아니라고 생각하는 면에서는 굉장히 단호하게 말하고 행동하는데요.

그건 팬들이라도 예외가 없더라고요. 팬들을 대할 때도 팬들이 뭔가 요구하거나 질문을 했을 때 아닌 거는 바로 그 자리에서 기분 나쁘지 않게 딱 잘라서 말하는 그런 단호함이 좋았던 것 같아요.

Q. 팬들 입장에서는 서운할 수도 있는 부분 아닐까요?

서운하지 않게 납득이 되게 잘 이야기해주는 거죠. 왜 임영웅 아티스트가 저렇게 말하는지, 뭔가 문제의 소지가 되기 때문에 딱 그 자리에서 단호하게 정리를 해요. 뒷말이 나오지 않게끔 대처를 잘 하는 거죠.

어떤 부탁이나 요구에 대해서도 너무 다 해주면 걱정이 될 텐데요. 적정한 선에서 자를 거 자르고 할 거 하고, 선택해서 하는 그 단호함이 팬 입장에서는 안심이 돼요.

슈퍼스타를 향한 수많은 요구와 요청을 무분별하게 수용하지 않고 분별할 수 있는 사람이기에 팬들은 신뢰가 간다고 말합니다. 팬들은 그래서 그를 대장이라 부르며 믿고 따라갈 수 있습니다.

스트리밍 시대에 딱 맞는
아티스트 임영웅

'우워우워워~~~'

과거 1990년대 중반에서 2000년대 초반의 인기 가수들을 보면 일명 샤우팅 창법으로 노래하는 아티스트들이 많이 있었습니다.

당시 가수들은 관객들의 귀가 얼얼할 만큼 고음을 질러줘야 노래 좀 한다는 소리를 들었는데요. 당시 남자들은 임재범의 고해(1998년), 김정민의 마지막 약속(1995년), 슬픈 언약식(1995년), 김경호의 나를 슬프게 하는 사람들(1997년) 등을 애창곡으로 불렀습니다.

지금은 노래방에서 이런 스타일의 노래를 부르면 아재 소리 듣지만, 당시에는 마음에 드는 여성에게 자신의 매력과 호감을 어필하는 노래 1순위에 꼽히기도 했죠.

특히 당시 최고의 인기를 누렸던 가수 김정민의 샤우팅 창법은 남성들의 워너비였습니다. 김정민은 1절 후렴구부터 얼굴이 시뻘겋게 변하더니 2절 후렴구에선 목에 핏줄이 튀어 나오는 극단적인 샤우팅 창법으로 노래를 불렀습니다.

특히 고음 파트인 '워워워~ 이렇게 입 맞추고 나면'을 부를 때 목 전체가 빨개질 정도로 얼굴에 힘이 들어갔죠. 당시에는 굉장히 남성적이고 매력적으로 느껴져서 남성들은 물론 여성들에게도 굉장히 인기가 많았습니다.

남자 가수들뿐만 아니라 여자 가수들 사이에서도 샤우팅 창법이 대세였습니다. 신효범의 난 널 사랑해(1994년), 김현정의 멍(2000년), 소찬휘의 Tears(2000년) 등이 굉장히 인기가 많았고, 역시 여성들의 최애곡으로 꼽혔죠. 시원한 고음은 스트레스를 날리기에 충분했습니다.

그런데 그때만 해도 좋아하는 가수의 노래를 듣기 위해서는 음반을 사야만 했던 시절이었습니다. 내가 좋아하는 가수의 노래를 언제 어디서나 듣기에는 제약이 좀 있었던 시절이었습니다. 저희가 중고등학교 때만 해도 가수의 테이프를 살 돈이 없어서, 라디오에서 좋아하는 가수의 노래가 나오면 공테이프를 준비해뒀다가 재빠르게 녹음해서 라벨링하고 나만의 DIY 테이프를 만들어서 듣곤 했었죠.

그런데 IT기술의 발전으로 음원 시장이 디지털화되면서 음악 스트리밍 시대가 도래했습니다. 스마트폰으로 언제 어디서나 내가 원하는 노래를 들을 수 있는 신세계를 맞았습니다. 그렇다보니 매일 24시간 들어도 질리지 않는 편안한, 마치 말을 건네는 듯한 창법이 대세가 됐는데요. 그 대표적인 가수가 바로 임영웅입니다.

임영웅 팬들은 임영웅의 노래는 이상하게 매일 들어도 질리지 않는다고 말합니다. 〈앵커리의 똑TV〉도 아침 하루 일과를 시작하기 전과 후에, 그리고 일과중에도 임영웅 아티스트의 노래를 듣는데요. 아침에는 활기를, 저녁에는 편안함을 주기 때문에 하루의 피로가 사라지는 경험을 하곤 합니다.

임영웅 아티스트의 노래가 질리지 않는 이유가 뭘까요?

바로 절제의 미학입니다! 임영웅은 아주 지혜롭게 감정을 자제하고 컨트롤하는 아티스트로 정평이 자자합니다. 게다가 내내 말하지만 임영웅의 목소리 자체가 갖고 있는 따스함과 저음의 매력이 베이스에 깔려 있습니다. 중저음은 사람의 마음을 편안하게 하는 소리라고 하죠.

임영웅이란 아티스트가 더욱 놀라운 것은 그가 세상에 이름을 널리 알리게 된 얼굴을 드러낸 프로그램인 〈내일은 미스터 트롯〉에서의 주 장르는 트로트였습니다. 트로트란 장르는 감정을 숨기지 않고 발산해야 하고, 때로는 과한 감정으로 심금을 울려야 합니다. 이런 감정을 표현하기 위해 꺾고, 흔드는 화려한 트로트의 발성 기법을 사용합니다. 이러한 특성 때문에 트로트에 대해 호불호가 갈리기도 합니다.

그런데 임영웅이 부르는 트로트는 감정도 기교도 최대한 절제하면서 부르는데도 듣는 이들에게 감동을 주는 마력을 가지고 있습니다. 그래서 여러 번 반복해서 들어도 질리지 않고 들을 때마다 듣는 이의 마음에 따라 다르게 들릴 수 있는 게 아닐까요.

'수십 곡을
준비했더라고요'
준비된 스타 임영웅

〈앵커리의 똑TV〉는 대구에서 노래 강사로 30년 넘게 활동하면서 매일 라디오 생방송을 진행하고 있는 가수 장인환 씨를 2022년 임영웅 전국 투어 콘서트(대구)에서 만나서 인터뷰를 한 적이 있습니다.

장인환 씨는 임영웅 아티스트가 무명 시절, 노래 교실을 다니며 실력을 갈고 닦았던 시절에 직접 임영웅 씨를 만났었다며 당시를 회상했는데요. 가장 먼저 꺼낸 말은 '임영웅의 선한 눈빛을 지금도 잊을 수가 없다'였습니다.

그 당시 임영웅 아티스트가 장인환 노래 교실을 찾았을 때는 KBS 〈아침마당〉에서 우승을 해서 막 명성을 얻고 바빠지기 시작한 2019년 봄이었습니다. 장인환 씨가 임영웅 아티스트에 대해 호감을 갖게 된 것은 특히, 철저한 준비와 바른 인성때문이었다고 합니다.

임영웅을 연습벌레라고들 평가합니다. 하루에 10시간 넘게 노래 연습을 하는 것으로 유명한데요. 노래 교실을 다니며 노래하던 시절에도 준비가 아주 철저했다고 합니다. 노래 교실을 방문하는 가수들은 보통 7곡 미만으로 준비해오는 경우가 많은데 임영웅 아티스트가 준비한 곡은 무려 50곡이 넘었다고 합니다.

노래 교실 수강생들은 예리한 평가자일 것입니다. 노래 교실을 거쳐간 수많은 가수들을 만나 보았기 때문에 허투루 준비했다가는 당황할 수밖에 없는 공간입니다. 임영웅이 50곡 이상을 준비했다는 것은 서너 번 불러본 노래가 아니라 그 곡을 해석하고 디테일한 기술까지 다 연습이 된 그의 레퍼토리가 최소 50곡이 넘는다는 것입니다.

임영웅 아티스트는 장인환 가수에게 이렇게 말했다고 합니다.

"50곡 중에서 강사님이 좋아하시는 노래로 골라주시면 됩니다."

장인환 가수는 그의 철저한 준비성과 자신감을 보고 남다름을 느꼈다고 합니다.

'이 친구는 앞으로 대형 가수가 되겠구나. 그리고 앞으로 어떤 일이든 흔들려도 넘어지지 않는 무대를 보여주겠구나.'

그리고 노래교실에서 수강생들을 대하는 태도도 다른 가수와는 좀 달랐다고 합니다. 커다란 강의실 뒤쪽에 앉은 수강생들이 임영웅의 얼굴을 보고 싶어하는 것을 눈치챈 그는 "의자에 올라가도 될까요?"라고 정중하게 물은 뒤 의자에 올라가 노래했고 무대에서 수강생들이 앉아 있는 객석 끝까지 일일이 다니면서 관객들과 소통하는 모습이 참 좋았다고 회상합니다.

지금도 콘서트에 가면 그런 임영웅 아티스트의 변함없는 모습을 볼 수 있습니다. 무대에서 객석 끝까지 걸어다니면서 관객들과 1대 1로 눈빛을 나누고 마음을 나누는 모습은 2022년 콘서트에서 올해 열린 상암콘서트까지 이어지고 있습니다.

보통 가수들은 노래를 부르면 감정을 잡을 때 내 노래에 심취한 한두 사람을 바라보고 노래합니다. 심한 경우에는 자기 노래에 빠져 관객들과 눈을 마주치지 않는 경우도 있죠. 그런데 임영웅 아티스트는 시야를 넓게 보고 객석에 앉아 있는 청중들 한 사람 한 사람과 1대1로 교감하면서 노래를 하는데요, 그 모습이 참 인상적입니다. 아나운서 25년 차인 앵커리도 행사를 할 때면 객석을 넓게 보면서 사회를 보는 것이 참 어려운데요, 굉장히 필요한 일이기도 합니다.

아무래도 수많은 관객들 앞에 서면 긴장하게 마련이고 넓게 볼 마음의 여유가 없습니다. 그러나 임영웅은 가수 초창기부터 담대하면서도 편안한 면모를 지니고 있었고, 지금도 그 모습은 팬들과 소통하는 순간 빛을 발합니다. 임영웅 아티스트가 2022 년 〈유 퀴즈 온 더 블럭〉에 출연했을 당시 이런 말을 했습니다.

"나의 최대 빌런은 나 자신이다.
자꾸 부딪히는 벽에 좌절하지 않고 넘어야지 하면서
계속 저를 괴롭히는 게 제 자신이다."

그당시 임영웅 가수가 노래하는 것을 보면서 장인환 가수는

‘이 친구는 진짜 실력자구나’ 하는 느낌을 강렬하게 받았다고 했는데요. 트로트 가수들이 감정선을 끌어올리는 건 웬만큼 따라 하는데, 그러면서 음정을 정확하게 내기가 어렵다고 합니다. 감정을 끌어올리다 보면 음정이 흔들리기 때문이죠. 그리고 노래 교실을 2주에 한 번씩 방문했는데 그때마다 실력이 일취월장 늘어 있었답니다. 지금의 임영웅 아티스트를 보면 존경심마저 든다고 말합니다.

“다양한 음악적 시도를 지속적으로 하는 것도 인기에 연연하지 않고 자신의 스펙트럼을 넓히기 위한 것인데, 이런 시도는 웬만큼 음악을 사랑하지 않으면 할 수 없어요. 같은 가수로서 그 부분이 정말 멋있습니다.”

이런 임영웅에게 반해 장인환 씨는 그를 주제로 여러 곡을 작사 작곡해서 음원을 발표했습니다. 임영웅 아티스트를 떠올리니 곡이 수월하게 써졌다고 합니다. 그만큼 그를 아낀다는 표현 아닐까요?

같은 업계에 있는 사람들로부터 직업적으로 칭송을 받는 것은 어렵습니다. 장인환 씨에게 임영웅 아티스트는 막내 동생 뻘

의 어린 나이지만 자신의 일을 잘해내는 멋있고 인성까지 본받
을 만한 사람인 것이죠. 지금의 임영웅이 한 순간에 신데렐라처
럼 등장한 게 아니라 이미 준비된 스타였다는 것을 또 한 번 확
인할 수 있는 순간이었습니다.

임영웅과의 특별한 인연
장인환 인터뷰 1, 2

자기관리 끝판왕
'단백질 NO'

2023 콘서트를 앞두고 임영웅 아티스트가 칩거에 들어갔습니다.

절친들과 합숙하며 운동한 스토리가 유튜브를 통해 소개되기도 했죠. 놀라운 건, 그에게 완두콩 알레르기가 있다는 것이었습니다.

임영웅이 인스타그램 라이브를 하면서 이렇게 얘기했습니다.

"오랜만에 집까지 걸어가겠다. 유제품만 먹으면 이마에 뾰루지가 난다. 운동하면서 근육도 키우려면 보충제도 먹고 해야 하는데 보충제가 웬만하면 유제품이라 먹을 수가 없다. 식물성을 먹

으려고 해도 완두콩 알레르기가 있어서 대부분의 식물성이 완두
단백질이라서 먹지 못한다.”

운동 좀 한다는 사람들은 대부분 단백질제를 복용하면서 근
육을 키우는데 단백질제 도움 없이 운동만으로 근육을 만들기
란 여간 쉽지 않다는 게 운동 전문가들의 평입니다.
그런데 임영웅은 단백질제 도움 없이 오로지 운동으로 체력
을 관리하고 있습니다. 그 긴 콘서트 시간 동안 게스트 한 명 없
이 혼자 콘서트를 이어가는 것과 닮아 있는 부분처럼 느껴졌습
니다.

자기관리의 끝판왕임을 보여주는 사례는 또 있습니다.
지난 고양에서 열린 IM HERO TOUR 2023 마지막 콘서트
에서 임영웅 아티스트가 부른 곡은 대략 50곡이었습니다. 신청
곡 코너가 있어서 팬들이 요청하는 곡을 무반주로 불러주기도
하고 한 곡을 다 불러주기도 했습니다. 무반주로 불러준 곡들
을 제외하고 3시간 넘는 시간 동안 혼자서 50곡을 소화한 것입
니다.

끊임없는 연습으로 단련되고 있다는 것을 콘서트 갈 때마다

소리를 들어보면 짐작할 수 있습니다. 2023년 지난 대전 콘서트 때 발성 연습을 통해 목이 쉬거나 가라앉는 일이 없어졌다고 말했습니다. 언젠가 임영웅 아티스트가 이런 말을 했다고 합니다.

"목이 쉬고도 얼마 동안 노래할 수 있는지 연습했다."

오프라인 행사와 노래교실에서 활동했던 그가 늘 좋은 컨디션은 아니었을 것입니다. 행사장은 언제나 변수가 존재하기 마련이고 무명 가수였던 그에게 좋은 무대가 주어졌을 리 만무합니다. 비가 오거나 피곤한 중에도 노래해야 하는 순간도 있었을 겁니다. 기껏 초대받아 간 무대에서 서보지도 못하고 돌아서거나 순서가 밀리는 그런 일들도 감당해야 했을 테지요.

그런 악조건에서도 노래만큼은 제대로 들려주고 싶었던 마음에 악조건 상황에서도 천상의 무대를 위해 준비한 연습법은 아니었을까요? 언제나 최악의 상황이 발생할 것을 염두에 두고 연습한 임영웅! 최상의 무대를 위한 자신의 신공을 단련한 무림의 고수 같은 면모입니다.

목은 노래할 때도 상하지만 말을 할 때도 타격을 받습니다. 그럼에도 불구하고 좋은 무대를 선사하고 싶어 평소 자기 관리에 힘을 쏟는 그의 모습은 마치 '구도자' 같다고 느껴집니다. 임영웅 아티스트가 5년 전 한 무대에서 지금은 400석에서 공연을 하지만 4,000석, 10년 뒤에는 4만석에서 공연을 하고 싶다는 소망을 말한 적이 있습니다.

팬들은 말한 대로 이루어지는 그를 보면서 '지니웅'이라는 별명을 붙여주었습니다. 그 소망을 단 5년 만에 이루어낸 것에 놀라기도 하지만 그 기적 같은 상황 뒤에는 임영웅의 철저한 자기 관리와 노력이 있었다는 것을 아는 팬들은 존경한다는 표현을 아끼지 않는 것입니다. 언론을 통해 그의 이런 모습은 잘 알려지지 않았지만 초창기부터 그를 봐왔던 팬들에게는 이번 상암콘서트가 더욱 뭉클한 순간이었습니다.

안주하지 않는 임영웅

임영웅 아티스트는 상암콘서트 전에 더블 싱글 '온기'를 발매했습니. EDM 'Do or Die' 이후 9개월 만에 발매된 신곡이라 팬들의 기대가 컸습니다.

더블 싱글 노래 작사 작곡에 임영웅 아티스트가 직접 참여했습니. 대한민국 최고의 보컬리스트로 이미 인정받았지만 그 자리에 만족하지 않고 자신의 한계를 뛰어넘는 모습을 보여주고 있는 것입니다. 더욱 팬들을 놀라게 했던 것은 '온기'의 뮤직비디오였습니다. 기존에 봐왔던 뮤직비디오가 아니라 아예 단편영화를 제작한 것이죠. 배우 안은진, 현봉식과 함께 익산과

충주를 돌며 임영웅은 처음으로 극 영화에 도전했습니다.

이렇게 서사가 있는 스토리텔링형 뮤직비디오는 1990년대와 2000년에 유행이었으나 사라졌다가 다시 등장하기 시작했는데, 임영웅은 아예 영화로 제작했고 OTT를 통해 공개했습니다.

'온기'와 'Home' 두 곡을 통해 전달하려는 메시지는 "영웅시대 곁에 내가 있겠다"입니다.

임영웅 아티스트가 줄기차게 말하고 있는 한 가지 '영웅시대는 나의 전부,' 이런 그의 마음을 알아채기라도 한 듯 팬들은 '온기'와 'Home'을 통해 위로 받았다고 합니다.

임영웅은 쉽고 편한 길을 선택하지 않았다는 점에서 아티스트로 높이 평가되고 있습니다. 지난 2020년 TV조선 〈내일은 미스터트롯〉에서 진에 등극하며 차세대 트로트 황태자로 주목받았지만 안정된 팬층을 확보할 수 있는 트로트에 국한되지 않고 장르 확장을 시도했습니다.

'다시 만날 수 있을까'와 '모래 알갱이'는 발라드, '폴라로

이드' 포크 그리고 댄스곡인 '무지개' 등 다채로운 장르 변주를 시도하면서 음악적 폭을 넓혀나갔습니다. 특히 IM HERO TOUR 2023 콘서트가 열리기 직전에 발표한 EDM 버전의 'Do or Die(두오어다이)'는 팬들에게 신선한 충격을 안겨줬습니다.

'Do or Die'는 우리말로 풀이하면 '죽기 아니면 까무러치기'입니다. 2022년 앙코르 콘서트에서 선보인 'HERO' EDM 버전이 좋은 호응을 얻자 임영웅 아티스트는 8세부터 102세까지 팬들과 함께 뛰고 즐기는 곡을 만들어보자는 생각을 했고 그 곡은 아이돌 못지않은 댄스를 선보여야 하는 'Do or Die'로 이어졌습니다.

작사에 참여했고 안무를 외우는 데만 한 달이 걸렸다고 합니다. 가요계에서는 트로트 오디션에서 진을 차지해 명성을 얻은 그가 발라드를 하는 것에 그치지 않고 댄스음악에 도전한 데 대해 우려의 시선도 없지 않았습니다. 그러나 보란 듯이 우주선을 타고 등장한 첫 무대에서 임영웅 아티스트는 현란한 댄스 무대를 선보였습니다. 그리고 이런 말도 덧붙였습니다.

"여러분이 주시는 사랑을 수십 배 수백 배 돌려드리자'는 마음에 그런 것들을 해왔는데 여러분 덕분에 항상 승승장구 하고 좋은 일을 많이 할 수 있게 되는 것 같습니다. 여러분은 즐기시기만 하면 됩니다.”

새로운 음악 장르를 낯설어 하는 대중들 중에 자신을 지지해 주는 영웅시대에게 하고픈 말이 아니었을까요?

심희철 동아방송예술대 교수는 임영웅의 음악은 장르를 특정할 수 없고 그냥 ‘임영웅 장르’라고 불러야 한다고 주장합니다. 서태지 음악이 대한민국을 강타할 때 처음 듣고 보는 그의 음악을 딱히 이름 짓지 못하고 세월이 흘러서야 그의 음악을 대한민국 대중음악의 효시라고 평가했던 것처럼 말입니다.

“실용음악을 기반으로 해서 다양한 장르를 선보이고 있는 임영웅 아티스트의 음악은 새로운 장르이므로 지금 평가하기엔 이르다. 그러니 후대에 대한민국 대중음악사에 평가가 나올 때까지 ‘임영웅 장르’라고 부르는 것이 합당하다”.

우리 채널 구독자 한 분이 ‘임영웅의 손을 잡고 장르의 징검다리를 건너간다’고 표현하셨습니다. 임영웅 아티스트가 다양한 장르를 소화하는 '올라운더 아티스트'이다 보니 평소에는 잘 듣지 않은 장르의 곡이라 할지라도 임영웅이 부르면 그 노래를 들어보게 된다는 겁니다.

새로운 음악을 찾아서 듣는 나이의 피크는 24세, 보통 30대 이후가 되면 새로운 노래를 잘 안 듣게 된다고 합니다. 그 이후에는 신곡보다는 이전에 들었던 익숙한 음악을 자주 듣게 된다고 하죠.

데이터 저널리스트인 '다니엘 패리스'에 따르면, 다양한 음악이나 음악 장르를 더 듣고 싶어하는 개인적인 욕구와 능력을 '오픈 이어(open ear)'라고 합니다. 새로운 음악을 갈망하는 '열린 귀'인 셈이죠. 이 '오픈 이어' 능력은 젊은 세대의 감정과 정체성 형성에 큰 영향을 주고 평생 음악 취향에 큰 영향을 미친다고 하네요.

이런 맥락에서 보면 영웅시대의 시계는 거꾸로 가고 있는 것입니다. 임영웅 아티스트 첫 자작곡인 '런던보이'는 장르로 보자면 락, '아비앙또'는 레게 힙합, 'Do or Die'와 'Home' 그리고 편곡한 'HERO'는 EDM입니다. 임영웅 아티스트를 좋아하지 않았다면 접해볼 가능성이 매우 낮은 음악을 그를 통해 다양하게 들으며 팬들 역시 음악의 확장을 경험하고 누리고 있는 것입니다.

상암에서 열린 콘서트 전에 쇼츠로 신곡 'Home' 챌린지 영상이 올라왔습니다. 임영웅이 댄서 립제이와 함께 올린 댄스 교본을 보고 28개월 어린이부터 80세에 가까운 팬들까지 홈 챌린지에 빠지게 되었습니다.

임영웅 아티스트는 영웅시대를 노래하게 하고 춤추게 하면서 새로운 문화적 경험을 선사하고 있습니다. 어쩌면 지금까지 이뤄낸 것은 예고편에 지나지 않을지도 모릅니다.

자신의 한계에 끊임없이 도전하는 그의 모습에 팬들은 사랑을 넘어 존경심을 표합니다. 도전은 대가를 필요로 합니다. 자신을 갈아 넣었다고 말할 만큼 대가를 치러가면서 팬들을 황홀한 '웅토피아'로 이끌어가고 있습니다.

사랑해

Great!

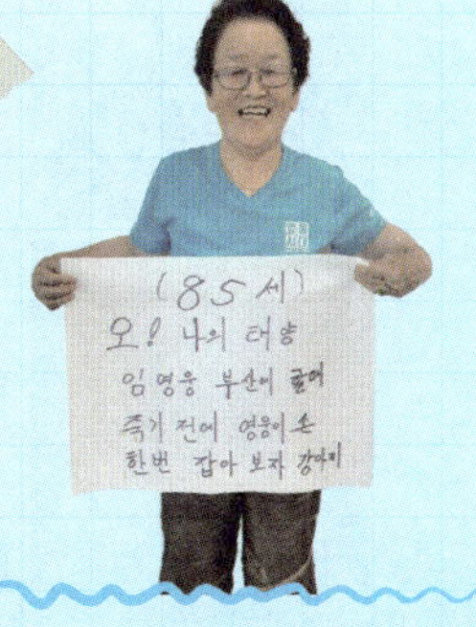

2024. 6. 8. 7:00
Happy birthday HERO
CONCERT
HERO
HERO
?!
Smile
임영웅

good
day

HERO

GOOD DAY ♥
고마워

감사해요 ♡

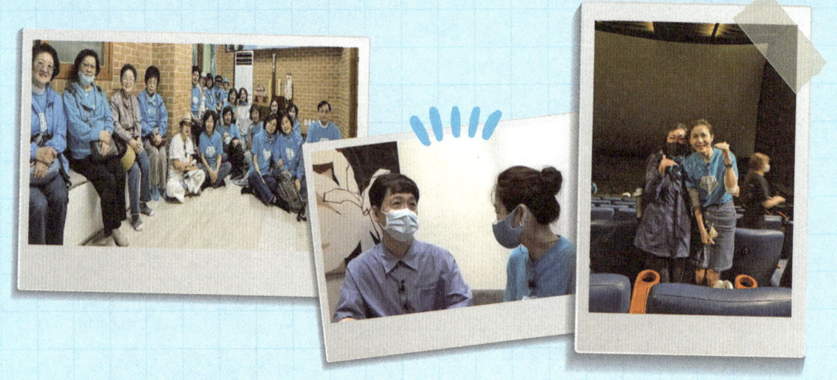

무지개 버킷리스트
1. 눈 마주치기
2. 손 잡아보기
3. 콘서트 아이템 알아봐주기
4. "구인광고" 외쳐주기
5. 친필사인 받기
6. 함께 사진찍기
7. 아주 사아...
영광아, 나랑 카톡하지
be happy
웅 클럽 개장

끝없는 우주의 암흑 속에 있는

고독한 점 하나

그 행성에 살고 있는 임영웅과 영웅시대는

반짝이는 별이 되어

서로의 마음속에서 빛나고 있습니다.

임영웅, 우리들의 미라클 히어로

영웅시대와 함께한 800여 일의 현장 기록

초판 1쇄 발행 2024년 8월 27일
초판 2쇄 발행 2024년 8월 29일

지은이 〈앵커리의 똑TV〉 제작진

대표 장선희 **총괄** 이영철
기획편집 현미나, 한이슬, 정시아, 오향림
디자인 양혜민, 최아영 **외주디자인** 한채린
마케팅 최의범, 김경률, 유효주, 박예은
경영관리 전선애

펴낸곳 서사원 **출판등록** 제2023-000199호
주소 서울시 마포구 성암로 330 DMC첨단산업센터 713호
전화 02-898-8778 **팩스** 02-6008-1673
이메일 cr@seosawon.com
네이버 포스트 post.naver.com/seosawon
페이스북 www.facebook.com/seosawon
인스타그램 www.instagram.com/seosawon

ⓒ 앵커리의 똑TV, 2024

ISBN 979-11-6822-304-2   03670

- 이 책은 저작권법에 따라 보호를 받는 저작물이므로 무단 전재와 무단 복제를 금지합니다.
- 이 책 내용의 전부 또는 일부를 이용하려면 반드시 저작권자와 서사원 주식회사의 서면 동의를 받아야 합니다.
- 잘못된 책은 구입하신 서점에서 바꿔 드립니다.
- 책값은 뒤표지에 있습니다.

서사원은 독자 여러분의 책에 관한 아이디어와 원고 투고를 설레는 마음으로 기다리고 있습니다.
책으로 엮기를 원하는 아이디어가 있는 분은 이메일 cr@seosawon.com으로 간단한 개요와 취지,
연락처 등을 보내주세요. 고민을 멈추고 실행해보세요. 꿈이 이루어집니다.